全家人對居家境境適應與否，個人事業、社會人際關係是否成功順遂，都可由宅相中應驗得知，豈能不慎重。

我們也常看到，有的家庭一向健康、幸福，但有朝一日搬遷新居後，一切生活情形卻轉壞了；又有的人過去生活不太如意，喬遷新居之後，反而時來運轉。諸如此類，都是陽宅學探討的核心，對個人的影響也很直接、深刻。

## 體 例

本系列叢書共分成四大冊，閱讀順序如下：

☐ **陽宅科學論**：藉本書的理念，幫助讀者建立完整的陽宅風水知識。

☐ **陽宅方位學**：鑑定陽宅要以測度的方位為基準，才不會誤導方向。

☐ **陽宅格局選**：作者特提供宅第格局的典型，讓讀者藉此實地認識。

☐ **陽宅古今談**：風水理論在日常生活中所碰到的實際問題分析，讓讀者閱讀之後能夠吸收活用。

## 共 勉

余自鄉曲來，固鄙陋之士也，因悟盡天命乃星曜運數，民國六十年，承襲祖父輩至友桐安法老先生點化，其後歷經湖南派山理師承，中州派、飛星派命理師承，及慧老悉授卜理，跟隨菩老專習大茅法等等。如今，令人陣陣黯泫的是，幾位五術前哲，菩老、慧老等都已經星散了，草枯木黃，無邊落葉紛紛下。

先師勉我：「心地乾淨，方可讀書學術。」而術數中最可貴者，乃於書中見聖賢、見仁義、見人性也。董公論山水曰：「千樹萬樹，無一筆是樹；千山萬山，無一筆是山；千筆萬筆，無一筆是筆。有處恰是無，無處恰是有，所以為逸。」古來名家，必歷覽名山大川，而後心胸始大，境界始出，便在培養此逸氣。術數家亦然，觀盡天下事，書盡萬卷，路行萬里，方能胸藏丘壑，筆生煙雲。一位睿智陽宅師的養成不易，勿震於汗牛充棟，懾於古籍晦澀，也勿墨守成規、刻舟求劍、死抱口訣，並且特別要

重視術數倫理，才能言經綸天地，主宰乾坤。

　　陳之藩先生說過：「一個時代，總應該有個把言行高潔的志士，如果沒有，應該有個把叱吒風雲的英雄；再沒有，也應該有個把豪邁不羈的好漢，如果連這類屠狗的人全找不到，這個時代就太可憐了。」啊哈：悵釣魚人去，射虎人遙，陽宅風水師總該做個時代的屠狗人——爲「陽宅學」立個紀念碑吧！

＊　　　　　　＊　　　　　　＊

　　如今，本書重新修訂出版，前台灣省政府教育廳第五科沈科長華海兄仍殷殷指導，這些教人趨吉避凶的大功德，應該歸屬於他，因爲當初若沒有沈兄的領銜斧正，陽宅風水尚停留在民俗階段。

周建男　謹識

　　讀者若對書中所述內容有任何疑問，或有志在風
水學術方面作深入的研究，可直接與本書作者聯繫。

　　台灣省陽宅教育協會推廣教育中心
　　地址：台中市公益路 52 號 5 樓
　　電話：（04）23257346，22355553
　　傳真：（04）23222174，22379935

台灣省陽宅教育協會理事長周建男老師

# 目　錄

# 第一篇　居家環境系列講座

　　為探討環境、住宅與生活品質之關係，藉由辦理環境及住宅講座及研習，教育國民如何規劃提昇居住品質，進而引導國民共同改善社區環境，提高生活水準。

# 環境學的定義
## ——瞭解陽宅風水的演進、範圍及核心

### ■起　　源

　　每當華燈初上，站在台中大肚山上，往下一望，萬家燈火，宅第林立，有的榮華富貴，有的卻家園襤褸，除了每人智慧與勤奮工作，而形成如此的結果之外，難道沒有其他存在因素？難道沒有人針對此點，對居住環境作一番科學的評估。我們在求學的過程中，學英文科，就有英文法書籍，學地理科，就有地理書籍，學政治就有有關政治的論著，但出社會之後，這些科目能充分、隨時地應用嗎？反之，我們住的宅第，一天至少八小時在裡面活動、睡眠，與我們這麼有密切關係的實際生活學問，卻沒有人去研究它，去研究宅第的方位空間對我們的影響，這樣對嗎？這門學術自幾千年前迄今，仍被以迷信視之，不外下列原因：

　　㈠因資訊不發達，鄉野傳奇及誇大不實，導致的穿鑿附會。

　　㈡因一般宗教民俗禮節的風俗習慣介入。

　　㈢因風水印證困難的缺點使然。

　　㈣因百家爭鳴、各擁秘笈、各家相輕、故步自封，使初學者無所適從。

　　㈤因個人研究態度的差異、立場觀點的不同，導致的結果，難被有效地認定。

　　我們知道，凡是定理皆經過不斷實證，反覆求驗證，我也時常地自我要求，不斷地在日常生活中，點滴地替幾千年來先聖先賢的心血結晶，找出一個註腳，把其經驗累積，應用在新的工商環境中，來造福社會。

## ■內　　容

　　到底什麼是陽宅學的內容？「風水」包括陽宅與陰宅，居家環境就是陽宅學，又叫環境學。廣義言之，在探討以人類生存地域為範圍，狹義言之，在研究各人居住空間的吉凶反應，凡人類一舉手、一投足的行為規範，都應包括在陽宅學的範圍內。再深言之，其內容包括陽宅硬體與陽宅軟體，陽宅硬體如結構、材料、裝潢、設計等的開發、研究，陽宅軟體包括家庭倫理觀念、環保意識、社區意識的認知等等，這其中當然參雜一些一般觀念，被忽略的觀念，風俗的累積習慣，及陽宅的方位學術，在這包羅萬象的範圍中，其實真正的陽宅學，是在研究方位學術的應用法則，人類雖已具備了人定勝天的能力，唯有「預卜未來」的能力尚無法有效地開發，於是人類便試圖以各種方式，來達到這種預卜的能力，而陽宅方位學術，卻是能真正利用學理來探求預卜未來的一門新知；例如我們所住的房子屬於何宅卦，在何年容易應驗火災、凶殺、意外、桃花等等，讓我們能預先防範，這不啻是授人慧根，提高個人危機意識的一門新學術，也是中國文化幾千年來的精華核心所在。

## ■吉　　凶

　　陽宅之所以能應驗吉凶，主要是方位和節氣的相互作用，我們居住在宅第構成的空間範圍內，以宅中心點為主，依據八卦卦位，劃分為八方位，每方位與中心點連成八條的磁力線，在此磁力線的位置上，有陽宅的門、床、瓦斯爐、廁所、神位，甚至兒童房、老人床等等，因長期使用帶來射線、熱量、溫度的差異，引起的吉凶，謂之靜態的方位影響，我們所住宅第，又因地球自轉、公轉，每年節氣變化的不同，而所承受的自然磁場感應，謂之動態的節氣吉凶。例如陽宅住後的身體好壞，個性調適傾向等，是靜態吉凶的呈顯，有的疾病在醫學界證明不是傳染的，例如癌症，撇開生活習慣與飲食嗜性不談，在陽宅的方位學上，就已有足夠的學理及實例，證明其原因，我舉一實例說明，某甲因大門方位、爐灶方位、臥床

方位皆不合自己的命卦方位，陽宅空間內，從大門進來的凶氣，爐灶因燃燒產生不對的溫度波，一天至少八小時，靜靜地躺在凶位主臥上感應不利的磁力線，這些凶氣、不對的溫度波、磁力線長期對某甲在空間內形成錯誤磁力線的輻射作用，使某甲的細胞分裂承受畸變電位的影響，終易變成異狀分裂，這個事實說明陽宅的錯誤方位，能在一定期間的居住使用後，使宅主受到傷害。另外還有房子的修造、動土、搬家，及每年不同的宅運變化等，是動態的吉凶，所以我要強調的是，房子是一個「場」，研究陽宅就是在研究一個「場」的學術，在「場」內我們因居住生活而必須產生各種「波」，如爐灶的溫度波，如電燈的電波、光波等，是否能適應我們，這便是陽宅靜態方位吉凶的研究內容，在「場」外我們因環境附近的挖掘、動土、修築，而「起電」，場外的起電，電波便連續對我們的「場內」反應，再加上節氣的運轉，氣旋的角度，風候的方向等，便是陽宅動態方位吉凶的研究內容，這些內內外外的沖擊，在我們住進一個「場」之後的一年至三年期間，吉凶的影響就反應出來了。很多人沒有這個期間的認知，就容易忽略了陽宅的吉凶現象，其實由此看來，我不得不強調陽宅學是一門超科技的綜合性科學，包括光學、電學、生化、物理、化學、熱學等等，這個學術的研究是符合時代性的，與科技相互配合的，例如人類發明微波爐，那麼陽宅學者便會忙著實驗微波爐，把微波爐與電磁爐、瓦斯爐對人體的作用做一比較研究，再代入方位學，做一綜合性方位的影響分析，這種研究是貼切實用的，所以今日陽宅學與古代陽宅風水的那一套那裡有相同？從這一點來講，是我在此提示給各位有志陽宅風水者的一條新方向。

# ■應　用

　　宇宙的星曜與地球的運行能均衡存在，就是依靠著自然界有規則的引力牽制，這便是地理磁場的座標，生物同樣地也具有磁場感應，如低等生物的蝙蝠，便是依靠體內的磁場與外間磁場的感應，作為導航，人體血液內各種礦物質的射線，也是同樣作用，由此可知人類一連串的吉凶禍福，關鍵在於地理磁場一定軌跡不斷地運轉，及生物磁場一定數據的不斷遺

傳，而產生的循環蛻變，在星相學理論中，便把這種磁場蛻變所形成的人類行為軌跡，叫做「運」，在人生哲學方面的詮釋，就稱為「命運」，在陽宅學理方面的詮釋，就稱為「宅運」，人一生流運是起伏的，如果好的運勢，配合好的宅第，就是人生成功的轉捩點，如果好的運勢配合壞的宅第，想衝擊振作也終究消極頹喪而無法如願，工商時代劇烈競爭、強勢淘汰弱者的社會環境中，除了個人運勢主導之外，如再能充分配合蘊有吉利光電波、溫度波的吉利陽宅空間，是不是更能使居住者成功健康呢。

　　在陽宅學的應用上，我常講開車車禍的實例，來做為說明的例證，某甲車禍了，是風水的原因？是喝醉酒？是打瞌睡？是車子拋錨故障？是駕駛不當？這些原因當然是觀察的重點，沒有陽宅學慧根及居住環境危機意識的人，當然會說某甲可能是醉酒開車、打瞌睡開車、甚至是駕駛不小心，但世界上無時無刻都有醉鬼、睡蟲在開車，迷迷糊糊中他們也都開到家，甚至一看到家門，就不支地倒在座位上呼呼大睡，他們怎麼不出車禍？難道是他們運氣好，憑什麼運氣好？這點就是研究的核心。我有一位朋友就經常如此酩酊大醉開車上路，他的妻子總是整日擔心，但是他卻住富貴宅第，在風水上沒有不好的影響，所以幾年來卻也相安無事，我的另一位朋友姓張，為人小心翼翼，做事有條不紊，開車的速度也很慢，他在某年買了一部新車，結果開了沒半年，就撞到安全島，車頭撞得稀爛，我測度他的陽宅，宅前犯曜煞，應驗在蛇年，而該年又剛好是蛇年，我當時清楚地記得，他滿臉沮喪的告訴我，不知怎麼樣，車禍前腦裡一片空白，只聽到轟的一聲，車子就跑上去分隔島。所以某人車禍發生了，星相家可以從某人的命盤上推論出證明，陽宅家也可以從某人宅第推論出端倪，這裡就告訴我們幾個事實：第一，有學術可以推測人類的未來動向。第二，人類行為有一定的軌跡，在引導吉凶禍福。由此也可讓我們得到一個重要啟示，如果陽宅學術能被認定而更落實，那麼一些車禍現象是否能減少，又假設每個司機朋友，都具有陽宅學的危機意識觀念，每年注意自己居住的吉凶，可否由他自己的安全，來減少大車禍災難的發生，這一點是我每年不斷地在強調，及孜孜不倦在印證的重點。

## ■態　　度

　　中國文化深厚，中國人才濟濟，有許多被視爲神秘之事，其實早已有人明白其中原因，但在有限的古代資訊，及封建觀念下，無法普及，有如風水學術，就在如此情況下，被罩上了一層神秘之紗，於是陽宅學的綱目，長久以來一直未能確立，不但獨立派別各擁山頭，更興起真假之爭。例如有人謂：學習五術會導致貧、孤、夭、殘，應用五術會有洩天機之虞，以訛傳訛。又有人謂：歸皈宗教之後，不宜涉獵五術，故一些基督教、佛教等教徒，也對風水文明嗤之以鼻，是耶？非耶？故在此，我特別要強調，陽宅學（又稱環境學）今日的看法應把它視爲一門新學科，有如英文法、政治學、企管、會計學一樣，例如英文老師告訴學生，動名詞就是在動詞後面加 ing，這是洩天機嗎？又難道基督教徒、佛門信徒、和尚尼姑不必唸國文、歷史、英文學科嗎？有志於此學者，當應知情達理，不必墨守陋規，融會學理、術法之偏，不刻舟求劍、死抱口訣，則陽宅學術當可發揚光大，達到重新篩選並整合的目標。

## ■師　　資

　　陽宅學到目前爲止，已普遍喚醒民眾，對提高自己居住品質的覺醒，凡志同道合之士，很多人都在默默地耕耘，不斷地反覆實驗印證，我也經常感嘆研究陽宅學術的師資養成不易，時代在進步，家庭科技用品在改良，研究者也一直在謀求異業專家的結合，爲陽宅學尋一可資見證的註腳，儘管明知擲地依舊無聲，但憑這股熱誠，爲陽宅學追尋定義，這項有意義的工作，是值得付出心力的。

　　另外要特別一提的是，爲使陽宅學正式化，致力於推動陽宅師執業證照制度的建立，是必然的趨勢，陽宅師鑑定陽宅技能的檢定，可以提高業者技術水準及服務品質，業者當然也希望藉著考上一張證照，來加強顧客對業界的信心。

# ■理　　想

　　大學八目：「齊家、治國、平天下。」能使每個家庭趨吉避凶，不但是齊家的最高目標，也是治國、平天下理想的基礎，幾年來我印證了這門學科的實際價值之後，便在全省各縣市文化中心蓬勃地展開「居家環境」研習活動，受到各縣市民眾的熱烈回響，我們瞭解自周公卜宅而居，到清朝是陽宅風水的演進時期　，　自清迄今是陽宅教育的啓蒙期，我也期盼有朝一日，陽宅學能夠理論成熟，把這門新學術理念落實生活，提高國民居住環境的危機意識，減少凶禍，這也實在是功德善行。

　　要如何落實生活呢？例如：

㈠取得建築界、仲介業的認知：建築商興建房子的目標，不但要使居民有舒適的環境、高品質的建材，也要使居民能有居住的安全感，不會因購買到不合風水的居住空間而受意外傷害，一方面居民也應有陽宅安全的普遍常識，如對碰沖屋刀的房子、犯風煞的宅第、射屋脊煞的陽宅等等有防範觀念，才能對自己的環境安全，進一步的選擇，符合安全的要求。

㈡獲得教育單位的認同：學校與風水有密切關係，如校園環境建築施工的安全，何棟建築在那一年不能動土施工等，如校長選校分發，是否配合本人的命卦宅卦？校長與主任命卦如相同，二人密切合作，校務蒸蒸日上，如不同命卦，有可能無法衷心合作，不亂動土以免學生無辜遭殃，學校內校長、老師們、學生們都能安全健康。

㈢營造工程施工方針的應用：營造工程的挖土施工是一項動土行爲，如能在動土之初，讓附近居民有安全的預先防範，避免意外，那麼家家都平安。

㈣應用在運輸機構人爲疏忽的防範：對於一些大車禍事件，我花費了不少時間，利用陽宅學術做追蹤考證，而發現一個事實，就是如果維護手握方向盤、操縱全車安危的司機安全，就等於車禍或然率會降低，車禍時司機是關鍵，每一位司機宅第如果都平安，沒有不當

　　動土，他本人的行車安全就比較有保障，司機既然安全，全車的乘客，當然也都平安無虞，所以各運輸單位如對所屬司機員工的陽宅，能每年加以鑑定注意預防，我認爲大車禍會避免。

　　最後，我也曾如此想過，如果大家都能摒除迷信的觀念，釐清陽宅學的新定義，耐心地研究下去，把這些中國先民積累下來的智慧繼續發揚，並把其中不合時宜的部份篩選，如此陽宅學就能發揮它最大的效用，對人類貢獻之大，當勝過不少新事物的發明。

# 如何擇宅居住
## ──風水如何影響我們，及影響的程度

很多人常問我：「陰陽宅是不是都能影響我們，又到底何者的影響比較深刻呢？」

陰宅是祖墳風水，而陽宅是宅第風水，兩者都屬於中國的五術範圍。五術包括：山、醫、命、卜、相等，其細分如下：

| 五術項目 | 目　前　分　類 | 主　講　者　觀　念 |
|---|---|---|
| 山術 | 分為：<br>①修道、煉丹、養氣、符籙等方法。<br>②山即指風水，包括陰宅及陽宅。<br>等二種說法。 | 我認為山，乃指修道、煉丹、養氣、符籙、及山術（陰宅）等。 |
| 醫術 | ①國術之類：<br>　包括青草、藥頭、針灸、接骨、推拿、煉粉等。<br>②神術之類：<br>　包括爐丹、收驚等。 | 所言範圍類似，但五術應注重占病、測病等。 |
| 命術 | 命理，包括各派理論學說，如四柱八字學、紫微斗數、鐵板神數、梅花易數、淵海子平、果老星宗等。 | |
| 卜術 | 卜卦，包括文王卦、龜卦、金錢卦、米卦、水鏡等方法。 | 主張相同。 |
| 相術 | 手相、面相、形相、骨相、氣色等，又包括宅相。 | |
| 法術 | 五術理論從缺。 | 我把法術稱之為靈魂學，包括各宗教派別研究，及佛法、道法、密法，及符籙學、手印、咒語，及各種靈魂的歸納與研究等學術。 |

　　這些項目都屬於中國文化的精髓，但很多人不求甚解，卻把它誤解了，甚至有的又與靈異傳奇結合，在很多學術類別中，以何種學術最有價值呢？人類所有能力都具備了，包括上天入海，上窮碧落下黃泉等等，各種科技發明能力已都被開發，惟獨缺乏一種能力，就是「預知能力」尚無頭緒，於是先哲就以經驗法則，試圖來測知人類的未來演進軌跡，能否行得通？既然人類過去有一定的軌跡，那麼未來當然也有一個軌跡可循，所以能否預測未來，就端賴這套學術是否應用得法，由這點我們可以看出這套學術的價值，瞭解之後就知，風水的作用何在了。陰陽宅的影響孰重？茲列表分析：

陰陽宅感應之比較

|  | 陰　　　　　宅 | 陽　　　　　宅 |
|---|---|---|
| 時間 | 承受感應較慢，感應後的吉凶較長。 | 承受感應較快，感應後的吉凶較短。 |
| 距離 | 由祖先靈波傳導，無遠弗屆。 | 僅限定於居住空間之磁波。 |
| 媒體 | 是祖先們的靈波重疊吉凶，及地理磁波。 | 僅限於地理磁波。 |
| 範圍 | 整個家族之吉凶，影響深遠。 | 僅限於個體家庭範圍。 |
| 層次 | 牽涉層面較廣，包括遺傳。 | 牽涉層面較窄，僅現況吉凶。 |
| 印證 | 非常艱鉅。 | 較容易。 |

　　從文化的演進過程而論，陽宅學是先形成的，但因：

㈠人類過於神化死後的世界。

㈡慎終追遠精神的過度感召。

㈢誇大渲染陰宅墓葬的效果。

㈣鄉野傳奇不實的穿鑿附會。

等因素，造成目前民間「重陰宅而輕陽宅」的觀念，現代人買一幢陽宅，很少事先鑑定吉凶，只是以方便的觀點去選擇，但是對於祖先葬禮，卻大事斥資舖張，這些就是風水學的畸形發展，實應積極導正的。

## ■一般觀念──沒有影響

所謂一般觀念是指風水的五防十美觀念，它是風水學演進過程的現象，不會帶來實際吉凶，五防觀念包括：防風、防水、防盜、防土、防樑等。

(一)防風、防盜觀念：

圍牆高低、房舍周圍的植竹環繞、向北的房子不發運等，都是居民基於「防風」，而形成的誤導觀念，農業時代的宅第景觀，喜歡有圍牆、竹籬笆，一方面是在確定自己的範圍，一方面在防小偷竊盜，最主要作用當然是擋風，目前建築型態不同，公寓式的房子那來的圍牆，也不須有如此的防風作用。

(二)防水、防土觀念：

農業時代的房子，我們常看到宅第前有台階，後面以土填高，認為沒有如此建築，就不會開運，其實宅前台階是在防水氾濫入宅，並且一方面在當時代表一種社會地位，與風水吉凶無關。

(三)防樑觀念：

「樑」因長期演進結果，一般住戶在原則上就不喜歡樑的存在，其實是怕樑塌下來壓著了，愈想愈害怕，才是主因，從美化的觀點看，前面正對著一根樑柱，視野被遮住，也很掃興，風水家採用這些觀念，所以也認為「樑」不是吉祥物，這也是錯誤的觀念。

十美觀念包括：自然美、順逆美、五行美、儒家美、風景美、對稱美、曲線美、名稱美、陰陽美、標榜美等。

(一)自然美、風景美：

很多風水師採觀星望斗、登山看雲等方式來找尋好風水，不管他找地是多麼迅速，點穴是多麼神奇，其理論依據只有一點，就是「有好風景地，就有好風水在」的觀念，把風景美麗、自然未開發的所在，都當做好的地理穴場，不管正確不正確，反正山明水秀，在當事人心曠神怡之際，也都盡信。

㈡五行美、儒家美：

儒家主導著中國哲學地位，講究社會有序的倫理觀，風水家也應用這套哲學，把穴場的形勢視爲帝王的寶座，例如背後有靠，左右邊有護衛層層環繞，前面案台如百官朝拱，這個觀念一如二個前鋒、二個後衛，中間夾著一個帝王，在五行次序中來看，既尊貴又神秘。

㈢順逆美、曲線美：

風水家主張水流應從宅前逆流而來，不宜從宅後順流而出，只要順水無逆收就全無格局，以此角度評量風水，就是把順逆美的觀念介入風水。在水的觀念中，風水家也認爲水要曲折蜿蜒，彎弓內、順弓內算合局。

㈣對稱美、陰陽美：

陰陽者，對稱也，中國文化自古迄今都講究對稱，例如山對水、太陽對月亮等，風水學深受中國文化影響，也有如此特色，例如靜與動、東廂房與西廂房、龍邊與虎邊等等。

㈤名稱美、標榜美：

君子好稱人之美，發現好的風水地理，一些好事者，總會給他冠上美好的名稱，做爲附和，在名稱方面，大都以動物名爲主要稱謂，如「九鳳朝陽」、「天馬行空」等。在標榜方面，大抵把名人宅第當做好地理來歌頌一番，如「十子登科宅」、「舉人屋」、「狀元居」等。這些理念，在風水觀念逐漸形成演進的過程中，原本無可厚非，但如現代的新陽宅學，仍受其誤導與愚弄，就開歷史倒車了，所以從事學術研究者，不可不明白這些觀念的由來，而細心地加以篩選。

## ■風俗觀念──沒有影響

風水與風俗是截然不同的觀念，在傳統的風水理論裡，卻有很多都是風俗觀念，一位睿智的陽宅風水師，不可不加以篩選，下列有關常見的風俗習尚，普遍被誤用在風水理論中，我特地提出，讓諸位能明瞭其中之分辨：

㈠殯葬風俗：

祖先逝世之後，常燒傢俱、僕人、衣服，甚至車輛、地契、房屋等，這是把靈魂擬人化。

㈡入宅風俗：

搬入新宅第時，常舉行入宅儀式，依全家大小順序，捧日用品魚貫入宅，並擇日起家，稍一錯誤就忌諱埋怨，這種儀式也是風俗，無關真正吉凶的。

㈢祭祀風俗：

神像背後鑽孔，置五寶、虎頭蜂或其他物品，拜神時牲禮、水果的禁忌，持香方式的硬性規定，尤其是神位的安置供奉等，風俗上的禮節習俗更多，另人不勝其煩。

㈣婚嫁風俗：

新娘上轎時辰、入洞房坐向、踏瓦、遮傘、鬧洞房等，在很多細節裡，常被老一輩的人堅持，稍一疏忽，夫妻吵架就被認為是結婚時犯禁的主因，另外在合婚時的差三、六歲禁忌，自古以來也不知誤盡天下多少有情人。

㈤生育風俗：

結婚後夫婦如果連生幾個女兒，妻子就會被老一輩的人告知，每天吃豬肚來換肚，有時吃得頭暈腦漲。嬰兒洗澡時，澡盆就會放些石頭，表示「頭殼硬」，吃紅蛋表示「戴紅帽」（做官），第二十四天才能給嬰兒剃頭，表示能出第二十四孝，甚至嬰兒的名字也列入風俗禁忌，如連生女兒，名字可能被命為「罔腰」、「扶陽」、「招弟」等，這些風俗上可以不必理會的，仍然在每縣市時常流傳著。

㈥其他風俗：

除了以上常見者，我們還可常看到祖先分靈的儀式，也很慎重其事，在分靈之後，每房兄弟子孫，欲恭請祖先靈位回家安奉時，通常會撐開一把黑雨傘，遮住祖先牌位，這是因爲子孫們一般認爲，陰靈怕陽光，祖先靈魂不敢跟他們回家，所以不得不撐傘小心保護。其實這種風俗是台灣早期風俗的流傳，因爲在台灣早期受日人統治時，祖先備受凌辱，有很多含恨而終，死前還念念不忘痛恨日人，所以孝順的子孫就撐一把傘，把代表日本國旗的太陽遮住，好像「死不見日」。這種習俗一直被廣泛應用，大家以訛傳訛，光復之後就說這是祖先陰靈，怕被太陽直射的關係，以致於一般的地理師，也照學無誤，以後分靈時，好像沒有如此，祖先就不會跟著回家似的，這種積非成是的觀念，實在令人不知所措，諸如此類繁文縟節的習尚，怎能一誤再誤。

## ■忽略觀念──建立共識

在風水的觀念中，一般人常忽略幾個觀念，例如環境景觀的瞭解、社區意識的建立、環保意識的認知等，我特地一一說明：

㈠環境景觀的瞭解：

一般人一直都相信，住在龍穴砂水條件良好的穴場，能大富大貴、飛黃騰達，其實他把陰陽宅的生存條件混淆不清，已沒有環境景觀的理念。風水的環境景觀如流程圖 A 所示。

從流程圖 A 中我們看出來，陽宅自然景觀好的條件中，包括地質要硬、綠地要廣闊，陰宅就不能有這個條件了，因爲做爲葬地與建地的條件自然不同，假設葬地地質堅硬，祖塋一葬，成了蔭屍，子孫又要大忙特忙一番了，所以同樣是風水學自然景觀的條件，陰宅、陽宅也應有所分別。尤其是陽宅的人文景觀條件，一定不能違背人際溝通關係的維持性，例如在山上發現一處大穴場，爲了感應穴場磁場，一家人特地搬到山上去住，結果主婦買菜來回需要二小時，小孩教育上學來回要二小時，逛百貨公司添購日用品來回要三個小時，搞得生活脫序，作息

（流程圖 A）

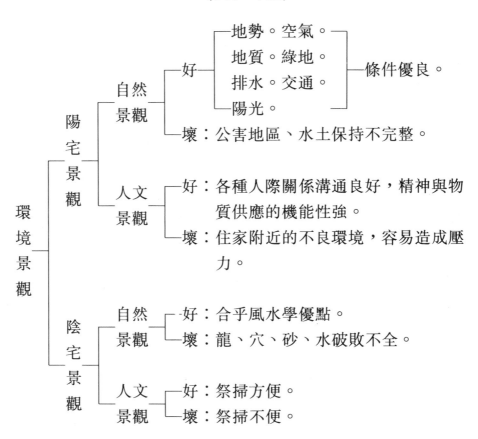

失常，如何得以富貴。由此可見好的陽宅人文景觀條件，應該選擇在都
會區內、住宅寧靜區內，避開賭博區、公害區、風化區、以免住家附近
的不良環境，在日常生活上帶來壓力。

(二)社區意識的建立：

　工商業都市的人口結構產生了公害問題、人口外流問題、城鄉不能均衡
發展問題，及都市環境的日漸惡化問題，所以居民就興起了共同興建一
個理想社區的念頭，目的在造成一個更舒適、乾淨的住家環境。例如台
中理想國社區，規劃以藝術展售為重心的藝術街坊，以學生住宿為重心
的新東示範街，並且舉辦社區性定期多元化活動，如社區晚會、社區夜

市等。又例如台北永和中正路二百八十三巷的社區改造計劃，藉著由社區居民發出一封「給厝邊頭尾的一封信」，開始推動，其中軟體規劃包括社區互助系統的建立，硬體規劃包括社區停車位的劃分，社區綠化問題、社區垃圾問題的解決等，主要目的在建立一個更有品味的環境，使社區居民能夠更安居樂業。

(三)環保意識的認知：

環保的主旨就是在保障公共衛生，雖有專責單位，但影響所及卻與陽宅學有密切關係，例如地球臭氧層的變化、環境污染而破壞陽宅的居住品質，酸雨而造成環境的傷害等等，一些公害的防治包括廢水、空氣污染、噪音、振動破壞、惡臭影響、廢棄物、毒物排洩等。直接、間接與每位居民或多或少都有關係，我曾經實證過有人的陽宅位在養雞場、垃圾場、太平間的附近，住過一陣子之後，身體就愈來愈糟，有的患腳氣，有的偏頭痛，這種情況與環保意識所提及的公害污染，有密切關係，如居民大家都注意公害廢棄物的處理，環境品質就會提高，陽宅風水當然就理想了。

到這個地方為止，諸位可以瞭解，目前很多風水師仍然以一般觀念在進行陽宅鑑定，這是誤人誤己的，甚至有的風水師從事鑑定時，又介入了風俗觀念，那就更令人搞迷糊了。我要特別強調的，也就是在說明，真正的陽宅學是要把以上這兩種觀念篩選出來，並且要大家再瞭解環境景觀、再建立社區意識、再認同環保意識，那麼才能再深入的研究陽宅學的核心—「方位學術」，從而印證探討陽宅影響居民的吉凶程度。

什麼叫做方位學術？以前人研究方位學術需要有天賦、靈感、觸機、並善於解釋。這裡有一故事甚為傳奇，諸位聽了大概對方位學術的推論法能有更深刻的體會，話說宋慶曆年間，邵康節隱居學易，終日思而未盡竅訣，一日午睡見牆角處有鼠打架，邵氏被驚醒，怒而舉床上瓷枕對準老鼠大力擲去，老鼠被嚇走，瓷枕也破毀，而奇怪的是，他在收拾碎片時，發現枕中有字條寫著：「此枕賣與賢人邵康節，某年某月某日因擊鼠破枕。」邵康節大為驚奇，便向賣枕者查詢，賣枕者告訴他：「很久前，有

人持易在此觀看，我在燒枕，他便寫字條置枕內，事隔迄今，相信此人亦老矣。」邵氏於是再懇求賣枕者帶他去求寫字者，賣枕者不得已便與他前往，不料敲門後，家人出來說父親剛去世，快快然正欲離去之際，其子說，父親留有一卷書册，並吩咐：「某年某月某日某時，有一秀才到此，以此書卷相贈，能爲我安排身後事。」言畢，以書相贈。

返家之後，邵康節以獨特天賦，盡得書中眞傳，隨後按卦例推算，便又來到異人家，對他兒子說：「根據書中語，汝父睡床西北角地窖中有藏金。」家人前往找尋，果然得金，是爲殮葬費用有餘。

又有一次，是邵康節在賞梅，見樹上有二雀相爭，梅枝墜地，邵氏奇而占之，得一卦，推斷：「明晚有少女前來折花，被園丁發現追逐，少女失足跌倒，傷其股。」這個卦是如此占驗，澤火革卦變作澤山咸卦，革卦上卦爲兌卦，象意少女，下卦爲離卦屬火，火剋金，故少女受傷，革卦互卦爲巽卦，巽象意股，故推斷有傷股之應，變卦爲咸卦，咸卦下卦爲艮卦，屬土，土生金，故少女雖傷而得救。

這兩個故事，都在說明卦例、方位、象意、屬性搭配解釋之難處，故研習方位者，除了熟習卦之五行和象意之外，更需具有很高的天賦靈感，並講究觸機，才能得方位學之眞傳，換句話說，要學方位者，秉賦應極高，否則難有成就。這是古代的學習方式和條件，現在卻不必靠靈感，現在學習方位，必須注重理論及實例驗證的配合，並且要與新家庭科技產品結合，例如研究比較茅坑與抽水馬桶，例如比較日光燈及電燈等等，從家庭日常用品的研究開始，又要把比較出來的結論，反覆應用在方位的實驗上，再求出對不同人體的影響，如此實驗過程雖然繁複，但唯有這樣才是現代陽宅學者的求知功夫，也只有由這種途徑，才能全盤瞭解陽宅的全貌，才能瞭解陽宅空間內的物品，何種對人體吉利？何種對人體有害？但所花費的時間、精力、經費是龐大的，理想是完美的。

瞭解這些正確觀點，積極導正，相信陽宅學落實生活的一天會早日到來！

# 動土修造宜忌
## ──陽宅空間靜態與動態的吉凶應用

### ■實例與法則

在切入主題之前，我先講一個實際的案例，聊資一懂，讓讀者朋友做爲茶餘飯後的話題。

某君小黃，有一年年初興沖沖地來找我，當時興致高就推論一下星盤，並且卜了梅花卦，結果發現今年家裡多有裝修或換傢俱之舉，我把推演內容對他說了一遍，接著他十分訝異的說，真的是想在過年後把家中整修一番。聽了他說辭之後，我又詳細看了一下卦理，顯示除了家宅有修整之外，他的子女也有凶象，所以我就特地叮嚀他要小心子女安全，不要讓他們參與危險活動。

一個月後，小黃打電話給我，說已請設計師畫好設計圖，準備按圖施工，並且把別墅的設計藍圖電傳給我，看看何處不能亂動，我測定方位看了一下，告訴他前面小花園處不要動土就可以，因爲那裡的方位，剛好是五黃飛星挨臨之處，所以不要動，其他室內部分則翻修無妨，小黃自然依言全宅裝修，只剩下庭院小花園的地方不去動它。說來奇怪，施工後不到一個半月，小黃的九歲小孩，有一天在門外空地處騎腳踏車，不慎跌傷，而次女兒在兒子跌倒後的一星期，又不慎從樓梯摔下來，頭殼幾乎摔破，腫了一個大包，接連發生兩件小孩意外事件之後，小黃心情沮喪，因而懷疑是否施工不慎，而破壞了陽宅風水，乃特地邀我到他家實地勘察一番。

小黃住在埔里近郊，那一天我帶著羅盤到他家測量一下方位，看看是否因施工而破壞了環境方位，使得家中小孩連續受傷，測度一番，終於發現住宅入門處小花園的地方，放著一些工人裝修的工具，工人也利用這個地方在攪拌水泥，原來的草皮被翻動過，有幾根鐵鏟插入泥土中，這時我恍然大悟，原來小花園的地方，剛好是飛星五黃所到之處，不能動土，小

黃當初雖然沒有改修小花園，但卻放任工人在那裡拌水泥，更不停地把鐵鏟插入泥中又拔出來，等於妄動了五黃之氣，是故家中小孩會受傷。

於是我把測定實情告訴了小黃，並叫他不得再讓工人在小花園中拌水泥，這些工作應改在屋子裡去做，從此之後，小黃的宅第就順利裝修妥當，也未再發生過傷害意外事件。

由這一件實例中看出，命盤與卦象測知他會裝修宅第，及家中小孩會受傷，結果小黃真的裝修了宅第，雖然又特意預防五黃方位動土，但也防不勝防，以致兩名小孩先後受傷，亦為奇驗，而陽宅學的動土修造宜忌，有如此者。

## ■風水與磁場

中國的陽宅學是中國文化理哲學的核心，我也相信陽宅學將會在不斷科學鑑證下成熟發揚，如果你鑽研過中國的方位學，你必定會瞭解我這句話的深義。在最近有一報紙科學新知的報導中說明，經科學家研究發現，如蜜蜂、候鳥、信鴿等多種生物，都是依靠體內的磁場，與外界磁場的感應，作為導航，因此他們飛經強力無線電發射站，或雷達站等地方，磁場感應受到擾亂，他們就會暫時性地失去導航能力。

而人體同樣是具有磁場的，據研究報告中指出，如住在近高壓電線等，有強力磁場附近的居民，若長期受到強力電磁場的影響，便會引起血液和神經系統發生變化，產生某種慢性疾病。

這種研究生物與磁場有關的學理，目前正不斷提出，而且已明顯地知道，不同的磁場，對生物的細胞、組織、器官、神經，以致遺傳等都有一定的影響，這種理論有科學家把它稱之為「生物磁學」。中國的風水學，其中有一種理論叫做玄空方位學，所談到的九宮飛星，不啻是磁力線的變動，也就是說玄空方位學，就相等於地磁學。風水對疾病的批斷有一定的準確度，在拆解方面有一定的徵驗性，主要的依據也都是地磁學，所以在不斷地印證中，我發現目前很多不知其因的疾病和意外災禍，都與地磁學和生物磁學有密切關係，這種關連性，卻可以應用中國的陽宅風水數據求

得解答，一方面訝異先哲順應自然的智慧外，一方面慶幸這是人類的一大貢獻。

## ■動土理論

讀者朋友在瞭解以上論點之後，相信各位對陽宅學有更深刻的瞭解了，何謂陽宅？陽宅就是一個空間，又稱爲陽宅空間或陽宅環境，空間有內外之別，空間我又把它叫做「場」，空間內叫「場內」，空間外叫「場外」，所以陽宅是一個「場」，研究陽宅的學術，等於在研究「場」的學術。

「場」，包括地理場與人體場，地理磁力所及的空間叫地理場，其中又分爲電場、磁場和流速場，人體場指的是生命複雜的電磁場，包括細胞的生殖、分裂及呼吸作用，稱爲生理象，另外生命電磁場也會有心理作用，稱之爲精神式的細胞作用。「場」中有「波」，波的方向在空間內造成橫波和縱波，形成了波動、反射、週期和介質傳遞等作用；「場」外有「能」，各種放射能以「起電」的方式，造成摩擦、感應、接觸、壓力、輻射等等作用，產生電子的轉移。古代先哲雖然不瞭解這種複雜的超生化科學原理，但已憑頓悟的高超智慧，爲風水理出一條理哲學大道，所以風水實際上就是研究「場的影響力」的科學。

我爲了讓各位瞭解，再以下列表解補充説明：（請見下頁）

(一)場

　1.意義：凡磁力所及的空間，叫做磁場，簡稱「場」。

　2.範圍：場有各種大小、方向不同的物理量。

　3.種類：

　　(1)宇宙場：

　　　包括穩定的星際座標場及不穩定的宇宙場，如黑子氣候、彗星週期波、北極光、大顯像管等的波等等。太陽系的宇宙場以太陽爲主宰，它的質量是地球的三十萬倍，以其龐大的引力帶著地球及其他行星、衛星和零散行星在銀河系中運行，雖然表面有穩定的發光

# 陽宅風水理論

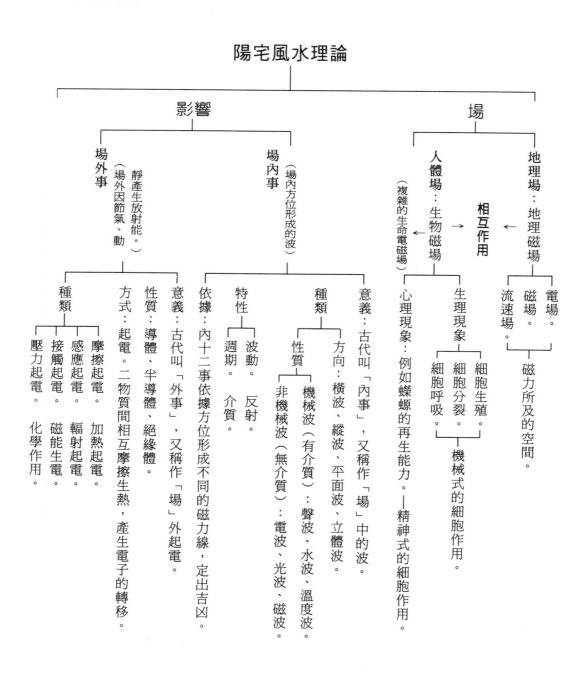

場外事（場外因節氣、動靜產生放射能。）

　種類
　　壓力起電。
　　感應起電。
　　接觸起電。
　　摩擦起電。

　方式：起電。二物質間相互摩擦生熱，產生電子的轉移。
　性質：導體、半導體、絕緣體。
　意義：古代叫「外事」，又稱作「場」外起電。

　壓力起電。化學作用。
　感應起電。輻射起電。
　接觸起電。磁能生電。
　摩擦起電。加熱起電。

場內事（場內方位形成的波）

　依據：內十二事依據方位形成不同的磁力線，定出吉凶。
　特性
　　波動。
　　週期。
　　反射。
　　介質。
　種類
　　性質
　　方向：橫波、縱波、平面波、立體波。
　意義：古代叫「內事」，又稱作「場」中的波。

　非機械波（無介質）：電波、光波、磁波。
　機械波（有介質）：聲波、水波、溫度波。

人體場：生物磁場（複雜的生命電磁場）

　心理現象：例如蠑螈的再生能力。──精神式的細胞作用。
　生理現象
　　細胞呼吸。
　　細胞分裂。
　　細胞生殖。──機械式的細胞作用。

相互作用

地理場：地理磁場

　電場。
　磁場。
　流速場。

　磁力所及的空間。

**宇宙場**

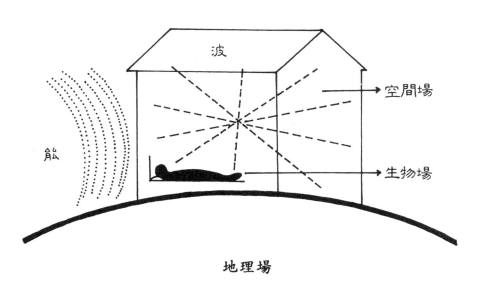

**地理場**

表解㈡　「場」的圖

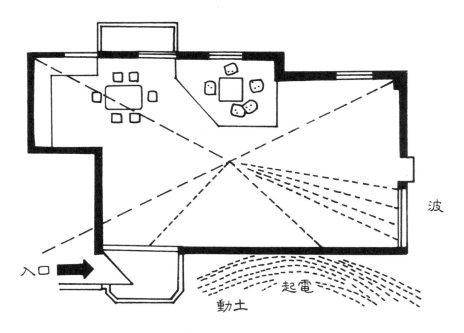

表解㈢　動土理論

和發熱，但並非一成不變，例如有時會有許多溫度較低的斑點出現，俗稱黑子，有時會有熾熱的物質噴發出來，俗稱日珥，這些都會干擾地球上的電磁波，人類的情緒也與這些氣候異變有關，尤其是黑子氣候，其數目以十一年爲週期，這個事實已經明顯地與星相理論中的相隔十一年爲一大限者符合。

(2)地理場：

地球繞日的軌跡而形成黃道十二宮，這與古代先哲所推演出來的節氣干支符合，以及我們根據磁傾角（磁針與水平面間的夾角），及磁偏角（磁針與北極的偏差角度），而知道地理有一定的穩定磁場，但氣候的突變、火山的爆發、高低氣壓的相互迴盪等，又形成不穩定的磁場，凡這些穩定、不穩定的磁場，我們統稱之爲地理場。

(3)宅第場：

人類搭蓋的房子，因四周牆壁的建築，形成一棟空間，這個宅第當然也構成一個「場」，大門是內外場的接觸點，臥室因宅主每天至少八小時的休憩，也形成一個定型的場，爐灶是溫度場，其他音響、電視、日光燈等各代表場中產生的波，故如聲波、水波、電波、光波、磁波等都存在於陽宅空間中，不斷地對我們產生或吉或凶的作用。

(4)人體場：

人體場又稱「生物場」，人體是活的有機體，受到電磁場的反射作用比物理上的作用還要複雜，例如神經系統、脈動系統、血液系統等都與電磁有密切關係，我們可以從電分子的極性，及原子中的電子、質子所受到電磁場作用後的霍爾效應來瞭解，例如某人某年所發生的病症，有很多是因爲受到該年來自銀河系某一方向，傳來強烈的電磁波干擾作用，神經系統內的交流電路固有頻率，引起共振，使得電波超常而生病，流年一過，來自其他方向的電磁波，取代原有不協調的干擾磁波，生病就痊癒了。由這個現象看來，凡細

胞的生殖、分裂、呼吸作用，和精神、意念、情緒等變化，都與宇宙、地理的電磁場有關連性。

(二)波

1.意義：

　　古代風水所談的內六事，其實就是在探討宅第內的吉凶影響。但現在我們已經瞭解到，空間的方位不同，波也不同，所以「波」就是「場」中產生的能量，不同的方位，會產生不同特質的波。

　　由此我們可以更瞭解，陽宅學就是研究波在方位裡變化的科學。

2.種類：

(1)以方向言：分爲橫波、縱波、平面波和立體波。

　①橫波：介質振動與波進行的方向相互垂直。

　②縱波：介質振動與波進行的方向相互平行。

　③平面波、立體波：代表靈異空間存在的現象。

(2)以性質言：分爲機械波及非機械波。

　①機械波：有介質才能傳遞者，例如水、聲、氣等。

　②非機械波：無介質也能傳遞者，例如光、電等。

3.作用：

波能產生波動、反射，並且有週期性，例如瓦斯爐煮食，火一燃燒，空氣、溫度隨著變化，煮食前的溫度波，與煮食後的溫度波是不同的，這種不斷在某方位產生不同的波，對某命卦的人會呈現什麼影響，就是陽宅爐灶的研究題材了。

4.速度：

波是有速度的，凡振動體一次振動，完成的一個波長距離，速度隨著反射遞減，所以波速 V ＝波長／週期。

5.影響：

空間場內產生不同的波，直接會影響宅主的情緒反應、身體健康，間接就影響宅主的人際關係、事業財運、婚姻子女等，所以我常說，人類的行爲規範，都在陽宅場中定型。

㈢能

　1.意義：

　　古代風水所談的外六事，其實就是在探討宅第外的環境好壞。但現在
　　我們已經瞭解到，宅第外的動靜與場的起電有密切關係，陽宅的立向
　　與地磁節氣感應有關係，所以動土修造，可以說是一種「場」外「起
　　電」的相互影響作用。

　2.種類：

　　⑴一般能：如油、煤、水力、火力、地熱、核能、太陽能、潮汐、風
　　　力等等皆是。

　　⑵尚待開發的能：生物能，如氣功是生物氣能，如特異功能是生物電
　　　能，如通靈附身是靈異接觸能，如場外動土起電是非生物的物質雜
　　　能。

　3.作用：

　　起電，兩物質間相互摩擦生熱，產生電子轉移，轉換過程中的熱能會
　　散失，例如 4.18 焦耳的機械能，可轉換 1 卡的熱能。

　4.方式：

　　能的產生，可藉由摩擦、感應、接觸、壓力、加熱、輻射、磁能生
　　電、物化作用等方式而產生。

　5.影響：

　　宅主居住在一定陽宅空間內，環境周遭的能突然變化，會使人體場隨
　　之影響，如果方位不正確，馬上就會有意外災難、疾病催應的現象。

# ■結　語

　　聽到這裡，相信各位伙伴已經對陽宅學有新的認知，動土宜忌也應有
一新的概念，人類生活在地球上，無時無刻不受到地磁的影響，地磁強度
雖然只有 0.5 高斯，但如果長期有意識地使人體順著地磁的南北方向，地
磁場可使人體器官細胞有次序化，產生生物磁化反應，生物電流增加，器
官機能得到調整，也會有治療作用。例如一九七六年唐山大地震時，震波

陝及北京，當時有一位科學工作者，突感天搖地動，下意識地鑽到辦公桌下躲避，天亮後，他突然發現病痛了幾個月的輭囊腫奇蹟地痊癒了，後來經過分析，認為他此病之所以能痊癒，是與他在地震時，受變化的地磁影響有關。由這實例，我們也可以瞭解一個事實，陽宅空間外環境所產生的起電能，如果方位正確，對居住者言是吉利的，如果方位錯誤，對居住者言是不利，而且會干擾生物磁場，並且帶來災難的，這就是動土修造宜忌的最佳理論與見證。

最後，容我再說明二個事實：

多年前熱烈討論的華航失事貨機，經檢討後，發現二、四號引擎為新引擎，卻莫名其妙出問題，且事先已做過 A 級維修，為什麼還會失事呢？若以陽宅學動土修造宜忌觀點來看，華航貨機都停置在機場的華航機務處，以華航機務處為中心，正北方就是華航發動機修護廠，剛好在八十年六、七月間動土興建，八十年陽宅學理論正北方位不宜動土，也就是正北方的放射波長不能有高頻率現象，經過這次大工程，當然會應驗災難。

其次在八十年十一月廿七日上午七時廿五分華航 C1672 客機，也因機械故障原因，誤點廿七個小時，在機械問題之外，在航警局東側的機務處北方動土亦是主因之一。

動土與應驗災難為什麼會有關連呢？由以上分析，各位都已經瞭解，「動土」，對一個「場」而言，在場外起電形成了能量，這個能量在不該有如此電磁波的方位中產生，對於「場」當然是不吉利，換句話說，每個空間場，本身就具備有那一年那一方位不得有起電的模型，剛好在該年的該方位不慎產生起電能量，這個能量就是俗稱的「煞波」，對在場內的人或物都有不好的影響，如影響維修人員的情緒，使他們維修時易產生小疏忽，又如影響到精密電子儀器的感應，使電訊中斷、儀器失誤、或電路短路、干擾頻率等等。

另一個事實是八十年鐵路造橋事故，已調查出是司機蘇金焜的疏忽所致，經我鑑定印證蘇君住家附近，有嚴重的動土是一大凶兆，蘇君住樹林鎮的宅第，剛好也是正北方正在動土，正南方又逢新建房子，東南方自十

月份以來都在挖馬路，而蘇君為四十二年次，辛未年犯沖土煞及喪煞，八十年宅第的正南、正北方不能動土，在惡運疊化之下，就成為個人災難的變數。

陽宅學上所謂的「動」包括遷居、建宅、旅行、挖路、就職、轉業、從商、結婚、相親、升學、洽商、簽約和交易等。古代先哲在星相理論中提出，人類在冥冥中有一個定數，也在陽宅方位理論中提出，人類吉凶應驗的準據，以目前觀點來看，這些就是我現在所講的物理學原理和方位學結合的實際應用，現今交通設施愈來愈快捷便利，而像捷運、高速鐵路等，都將是與速度競逐的交通工具，如果大家能建立居家環境危機意識，注意自己的居住範圍情況，一些危險或許可避免，在每次空難、每次大車禍後，除了檢討法律和行政上的問題，並在去除人為因素造成的疏忽之餘，是否鐵、公路單位，也要看看每名駕駛員命盤流年、宅第流運，讓有災難運的司機朋友，儘量提醒他們小心，甚至讓他們避免接觸重要交通工具的方向盤，如此應是預防車禍災難另一可參考的方法，乍聽之下，似覺迷信，但實際上看來，應可讓有共識者深思。

# 居住方位準則
## ——陽宅的內六事與外六事的新探討

### ■前　言

　　陽宅的空間是一個「場」，每個「場」都有一個中心點，例如正方形空間，改建成兩個長方形的房間，那麼它的中心點，便由一個變成兩個，分移到兩個長方形的中央。由此可見每一個空間的中心點叫做磁力中心，古代稱之爲太極，陽宅學就是根據太極在何位置，再畫分方位，並對方位訂出數字，根據數字再輪飛八方，藉此來測定吉凶禍福的影響力，所以陽宅學上的挨星，就等於磁力中心向各方位發出的磁力線，陽宅的方位學，就是在研究這些磁力線的作用，陽宅的巒頭理氣，即指外邊的環境，如某些地方高或某些地方低，是否會把磁力線改變？改變的程度又有多少？所以陽宅學也注重巒頭理氣的。

　　人在某個風水上認爲不理想的地方安床，實證出足以引致某種疾病，是否就因爲那裡存著對人體有不良影響的磁力線或輻射線等，因爲我們在睡眠的時候，一天至少也有八小時，靜靜地感受特定方位的輻射線，此時新陳代謝較慢，呼吸較慢，抵抗力也較弱，所以也容易因此而引致內分泌的不平衡，如某種內分泌較多，某種內分泌較少，就足以引發某類疾病。

　　中國方位學的演進雖然過程中充滿神話，但我卻認定這是一套風水數學，不是發現龍馬、神龜等神話所可涵蓋，古代先哲以經驗法則，及頓悟的大智慧，發現這套風水數學之後，一方面爲了增進神秘，一方面怕無法取信眾人，於是就追溯神話，編了一套伏羲氏、大禹等人發現神奇馬、龜，抄錄背上斑點，演繹成河洛之數的偉大故事來，不但迷惑五術界幾千年，也使得風水之說流爲迷信，成爲君子敬而遠之的玄學。其實這套數學是非常深邃的，它包含地球公自轉軌跡及節氣轉換，並融合方位的關係，有一天我們當可在先進儀器的輔助下，發現風水數學之一、二、三、四等實質上是什麼東西。

　　我常告訴研習的朋友，「二五交加，必損主」，二與五都是很抽象的東西，如果這兩個數是屬於一種輻射線的話，是可以測量出來的，如果真有一些對人體不良影響的輻射，或畸變等物質或射線的話，使大家瞭解後又知所趨避，這才是功德無量，若再從這些資料而更知道某些疾病的根源，那麼貢獻就更大了。

　　例如「癌」，到現在為止是一種不治之症，但卻是與細菌無關，也不會傳染的一種病，據醫學家報導指出，癌症是一種細胞畸變之症，是遺傳密碼的錯誤，使得細胞原是應分裂成另一健康細胞的，卻分裂成了另一種疾病細胞，所以藥石才告無效，我在「癌症」與「方位」的實地印證中發現，有一家族中住著老少七個人，卻有四位得癌症，這四位得癌症的都是睡床方位錯誤，其餘健康的三位，睡床方位卻是正確的，由這個發現，「生物磁場」也是我的方位研究的主題，只是到現在為止，很多人對生物磁場認識不深，更無庸談到如何去糾正生物磁場所出現的錯誤，我從研究中也發現，生物磁場出現錯誤，也與方位磁力線的輻射作用有關係，由此證明中國方位學所談的「二、五」數據，即「二、五相交之處」，就是存有一些影響健康至鉅的輻射線了，我相信將來有一天，這種陽宅學術的方位應驗項目能被普遍認知的話，或許癌症就成為可治之症。除了癌之外，我也提出一個理論的假設，某命卦的人，長期住在某特定錯誤的方位與空間，此方位的輻射陰陽不分，影響他與同性發生愛慕的心理作用，進而發生性行為，使得他的免疫系統產生畸變，喪失免疫功能，這種現象是否與愛滋病有關，但這論點僅止於假設，因為愛滋病是新世紀的產物，也缺乏統計的資料，由此也可以看出來，陽宅學是一門相當集體投入的學科，非個人能力所能完成的。

# ■八卦五行

　　八卦起源於陰陽五行，陰陽五行學說與目前物理定律不謀而合。說明如下：

㈠內容：

　⑴凡有陽必存在有陰，此定律與牛頓運動定律不謀而合，牛頓運動第三定律稱，兩物體間的相互關係，對於任一作用力，必伴生一反作用力，假設作用力爲「陽」，反作用力則爲「陰」。

　⑵陰陽平衡：宇宙中的陰陽兩量，反覆循環變化，相互作用與激盪，此消彼長，所以陰陽五行平衡論，也說明電及磁的作用力，平衡圖表見圖㈠：

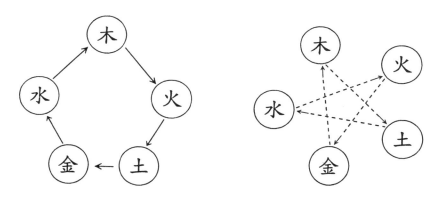

圖㈠　陰陽五行隔一位相生。　　　　圖㈡　陰陽五行隔二位相剋。

於是陰陽就根據這偶生之理生兩儀、兩儀生四象、四象生八卦。八宅明鏡就以八卦五行，把命與宅分類，八卦中的五行產生了相生相剋的現象，陽宅方位學也依據八卦這兩大體系，分成東西各四卦，形成對立相敵，水火不容。

　　東四卦爲：震、巽、坎、離。

　　西四卦爲：乾、兌、艮、坤。

| 類　別 | 八　卦 | 五　行 | 方　位 |
|---|---|---|---|
| 東四卦 | 震 | 木 | 東 |
| | 巽 | 木 | 東南 |
| | 坎 | 水 | 北 |
| | 離 | 火 | 南 |
| 西四卦 | 乾 | 金 | 西北 |
| | 兌 | 金 | 西 |
| | 艮 | 土 | 東北 |
| | 坤 | 土 | 西南 |

㈡命卦──生物磁學。

(1)意義：

　①東四命：

　　凡人的五行以出生年計算，如屬「木、水、火」者，謂之。

　②西四命：

　　凡人的五行以出生年計算，如屬「金、土」者，謂之。

(2)依據：

有些人在歲尾年頭，即兩個年頭交接時出生，而不能確知應該當作舊的一年計算，還是應該當作新的一年計算？此時應以「立春」作為新年的開始。

「立春」的界線是國曆二月四日或五日，在此之前出生，便當作舊的一年算，在此之後出生，便當作新的一年算。如民國四十年國曆二月三日出生，應視為三十九年出生，民國四十年國曆二月六日出生，應視為四十年出生。

(3)公式：

| 卦　名 | 坎 | 坤 | 震 | 巽 | △ | 乾 | 兌 | 艮 | 離 |
|---|---|---|---|---|---|---|---|---|---|
| 數　目 | 1 | 2 | 3 | 4 | 5 | 6 | 7 | 8 | 9 |
| 說　明 | 男命5視爲「坤」卦，女命5視爲「艮」卦。 | | | | | | | | |

《男命》　　　　　　　　　　　｜　《女命》
　8－（民國出生年相加之數）　　｜　　（民國出生年相加之數）－2

　（ 以上皆算至個位數，如最後結果等於0，則當作9來算，如不夠減時，應加9再減。 ）

東四命：答案爲1、3、4、9皆爲東四命。

西四命：答案爲2、5、6、7、8皆爲西四命。

(4)實例

①男命民國47年出生者，爲何命卦？

　　8－（ 4＋7 ）
　＝8－（ 11 ）
　＝8－（ 1＋1 ）
　＝8－2
　＝6
　答：此命卦爲西四命。
　　　乾卦。

②女命民國47年出生者，爲何命卦？

　　（ 4＋7 ）－2
　＝（ 11 ）－2
　＝（ 1＋1 ）－2
　＝2－2
　＝0（視爲9）
　答：此命卦爲東四命。
　　　離卦。

(5)速表：民國一年至一百年。（ 請見下頁 ）

## 速見表（民國一年～一百年）

| 西元 | 民國 | 男命卦 | 女命卦 | 西元 | 民國 | 男命卦 | 女命卦 |
|---|---|---|---|---|---|---|---|
| 1912 | 1 | 7 兌 | 8 艮 | 1962 | 51 | 2 坤 | 4 巽 |
| 1913 | 2 | 6 乾 | 9 離 | 1963 | 52 | 1 坎 | 5 艮 |
| 1914 | 3 | 5 坤 | 1 坎 | 1964 | 53 | 9 離 | 6 乾 |
| 1915 | 4 | 4 巽 | 2 坤 | 1965 | 54 | 8 艮 | 7 兌 |
| 1916 | 5 | 3 震 | 3 震 | 1966 | 55 | 7 兌 | 8 艮 |
| 1917 | 6 | 2 坤 | 4 巽 | 1967 | 56 | 6 乾 | 9 離 |
| 1918 | 7 | 1 坎 | 5 艮 | 1968 | 57 | 5 坤 | 1 坎 |
| 1919 | 8 | 9 離 | 6 乾 | 1969 | 58 | 4 巽 | 2 坤 |
| 1920 | 9 | 8 艮 | 7 兌 | 1970 | 59 | 3 震 | 3 震 |
| 1921 | 10 | 7 兌 | 8 艮 | 1971 | 60 | 2 坤 | 4 巽 |
| 1922 | 11 | 6 兌 | 9 離 | 1972 | 61 | 1 坎 | 5 艮 |
| 1923 | 12 | 5 坤 | 1 坎 | 1973 | 62 | 9 離 | 6 乾 |
| 1924 | 13 | 4 巽 | 2 坤 | 1974 | 63 | 8 艮 | 7 兌 |
| 1925 | 14 | 3 震 | 3 震 | 1975 | 64 | 7 兌 | 8 艮 |
| 1926 | 15 | 2 坤 | 4 巽 | 1976 | 65 | 6 乾 | 9 離 |
| 1927 | 16 | 1 坎 | 5 艮 | 1977 | 66 | 5 坤 | 1 坎 |
| 1928 | 17 | 9 離 | 6 乾 | 1978 | 67 | 4 巽 | 2 坤 |
| 1929 | 18 | 8 艮 | 7 兌 | 1979 | 68 | 3 震 | 3 震 |
| 1930 | 19 | 7 兌 | 8 艮 | 1980 | 69 | 2 坤 | 4 巽 |
| 1931 | 20 | 6 乾 | 9 離 | 1981 | 70 | 1 坎 | 5 艮 |
| 1932 | 21 | 5 坤 | 1 坎 | 1982 | 71 | 9 離 | 6 乾 |
| 1933 | 22 | 4 巽 | 2 坤 | 1983 | 72 | 8 艮 | 7 兌 |
| 1934 | 23 | 3 震 | 3 震 | 1984 | 73 | 7 兌 | 8 艮 |
| 1935 | 24 | 2 坤 | 4 巽 | 1985 | 74 | 6 乾 | 9 離 |
| 1936 | 25 | 1 坎 | 5 艮 | 1986 | 75 | 5 坤 | 1 坎 |
| 1937 | 26 | 9 離 | 6 乾 | 1987 | 76 | 4 巽 | 2 坤 |
| 1938 | 27 | 8 艮 | 7 兌 | 1988 | 77 | 3 震 | 3 震 |
| 1939 | 28 | 7 兌 | 8 艮 | 1989 | 78 | 2 坤 | 4 巽 |
| 1940 | 29 | 6 乾 | 9 離 | 1990 | 79 | 1 坎 | 5 艮 |
| 1941 | 30 | 5 坤 | 1 坎 | 1991 | 80 | 9 離 | 6 乾 |
| 1942 | 31 | 4 巽 | 2 坤 | 1992 | 81 | 8 艮 | 7 兌 |
| 1943 | 32 | 3 震 | 3 震 | 1993 | 82 | 7 兌 | 8 艮 |
| 1944 | 33 | 2 坤 | 4 巽 | 1994 | 83 | 6 乾 | 9 離 |
| 1945 | 34 | 1 坎 | 5 艮 | 1995 | 84 | 5 坤 | 1 坎 |
| 1946 | 35 | 9 離 | 6 乾 | 1996 | 85 | 4 巽 | 2 坤 |
| 1947 | 36 | 8 艮 | 7 兌 | 1997 | 86 | 3 震 | 3 震 |
| 1948 | 37 | 7 兌 | 8 艮 | 1998 | 87 | 2 坤 | 4 巽 |
| 1949 | 38 | 6 乾 | 9 離 | 1999 | 88 | 1 坎 | 5 艮 |
| 1950 | 39 | 5 坤 | 1 坎 | 2000 | 89 | 9 離 | 6 乾 |
| 1951 | 40 | 4 巽 | 2 坤 | 2001 | 90 | 8 艮 | 7 兌 |
| 1952 | 41 | 3 震 | 3 震 | 2002 | 91 | 7 兌 | 8 艮 |
| 1953 | 42 | 2 坤 | 4 巽 | 2003 | 92 | 6 乾 | 9 離 |
| 1954 | 43 | 1 坎 | 5 艮 | 2004 | 93 | 5 坤 | 1 坎 |
| 1955 | 44 | 9 離 | 6 乾 | 2005 | 94 | 4 巽 | 2 坤 |
| 1956 | 45 | 8 艮 | 7 兌 | 2006 | 95 | 3 震 | 3 震 |
| 1957 | 46 | 7 兌 | 8 艮 | 2007 | 96 | 2 坤 | 4 巽 |
| 1958 | 47 | 6 乾 | 9 離 | 2008 | 97 | 1 坎 | 5 艮 |
| 1959 | 48 | 5 坤 | 1 坎 | 2009 | 98 | 9 離 | 6 乾 |
| 1960 | 49 | 4 巽 | 2 坤 | 2010 | 99 | 8 艮 | 7 兌 |
| 1961 | 50 | 3 震 | 3 震 | 2011 | 100 | 7 兌 | 8 艮 |

㈢宅卦──方位磁學。

　⑴意義：

　　宅的坐山為福德宮，人各有所宜，東四命居東四宅，西四命居西四宅，是謂福元，如西而居東，東而居西，雖或吉，不受也。這句話是八宅明鏡這本書中所言，主要在把「命卦」與「宅卦」配合同類，宅卦乃坐卦也。

　⑵宅卦：

　　依卦名五行析論，坎為水，方位北；坤為土，方位西南；震為木，方位東；巽為木，方位東南；乾為金，方位西北；兌為金，方位西；艮為土，方位東北；離為火，方位南；應用在陽宅風水上稱之為「方位學」，又以「宅卦」來代表。

　①東四宅：

　　坎宅：（正北），本宅坐正北向正南。

　　震宅：（正東），本宅坐正東向正西。

　　巽宅：（東南），本宅坐東南向西北。

　　離宅：（正南），本宅坐正南向正北。

　②西四宅：

　　坤宅：（西南），本宅坐西南向東北。

　　乾宅：（西北），本宅坐西北向東南。

　　兌宅：（正西），本宅坐正西向正東。

　　艮宅：（東北），本宅坐東北向西南。

　⑶坐向：

　　房子後半部的主體，稱之為「坐」，房子前半部大門，稱之為「向」。坐與向適為相反的方位，在宅卦中，如坤卦，方位西南，則陽宅宅卦名稱有取「坐」，也有取「向」者，取坐為主者，稱坤宅坐西南向東北，取向為主者，稱坤宅坐東北向西南，這種稱謂到底何者正確？各派學說不同，依據稱謂當然各異，現在我講的東、西四宅的宅卦名，是以「八宅明鏡」一書的稱謂為主。

## ■宅命相配

　　書曰：「人之生命不同，宅之宜忌各異。」因此，命與宅同類，便是相配，命與宅不同類，便是不配。

　　人類的生物磁場，先哲們以命卦來做為推論的依據，何謂生物磁場？人食五穀雜糧，必有消長之理，也就意味著每一個生命體，必定存在著某種力場，人體更是複雜的生物力場，在這個系統中，陰陽電極互相激盪消長進退，兩者反覆循環變化，健康與疾病就從此產生，例如人體不斷從外界吸收能量，來供應體內細胞所需消耗的熱能，和對外所作的功。

　　在胎兒時期，母體受外界的影響，也能感應胎兒，氣候、溫度、營養、地域等條件，就形成胎兒特殊的體質，謂之先天體能，一個人對氣候的適應與不適應，其實就是人體的五臟六腑對氣候適應與不適應的反應，所以先哲們便把節氣，以天干地支的星相數字來代表，把人體內臟腑位置也冠上星相數字，依強弱不平衡之規律，作為體質疾病檢查的依據，這種現象叫做生物磁場。

　　例如：

　　㈠神經系統：其感覺的傳導是一種負電波，與銀河系某一類電磁波有
　　　　相互作用，若這種頻率共振受某種刺激，無法和正常狀態功能相同
　　　　時，便對觸覺、壓覺、痛覺、冷熱覺的判斷失誤，就叫做神經痛。

　　㈡血液系統：由地球輻射線而來的電磁波，和人體內交流電路頻率值
　　　　不同時，也會引起局部組織的電磁場重新分佈，血液內的鐵離子，
　　　　以及磷酸鹽等，也會受到外界電磁場的影響。

　　這些深奧的道理，先哲們就以天干、地支、八卦、陰陽、五行等組成方位學說，說明了人類的生物磁場，受制於宇宙電磁場的交互作用，電磁場的交互作用在陽宅空間中構成一定的方位，不同的體質，就應適應不同的方位輻射線，才能趨吉避凶，這種理論，就是宅命相配。簡單說明如圖㈢：

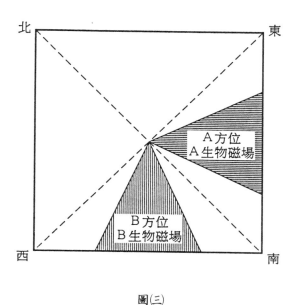

圖(三)

圖(三)的東南方位為 A，適合 A 生物磁場，西南方位為 B，適合 B 生物磁場，A 方位就是 B 生物磁場的煞位，B 如長期在 A 方位，就會受到由 A 方位產生的不利輻射線影響，導致生物磁場的不協調。

## ■內六事與外六事

(一)內六事

(1)大門

①意義：走出大門，人類就進入社會羣體之中，進入大門，人就回到溫暖避風之港，所以大門是陽宅與宇宙運轉關係的一個接觸焦點及接納口，如大門有誤，宅主就會有一種「待不住」的感覺，並會有破財、意外之虞，大門正確，就會覺得家中更溫馨，並能財源廣進，身體健康。

②抉擇：取吉位吉向。

(2)客廳

　　①意義：客廳是家人聚集場所，在宅第中是一個公共空間，也是家庭
　　　　生活的中心位置，代表人際關係的聯繫與擴展，影響宅運極大。

　　②抉擇：取吉位、宅中心位。

(3)辦公桌：

　　①意義：辦公桌與書桌同一涵義，官場及商場有些人的條件、資質和
　　　　努力都是一流的，但是他們的官運和財運，有時卻比不上二、三流
　　　　人才，所以辦公室的磁場，應與自己的命卦相搭配，才不會影響理
　　　　解力及判斷力，使得處事呆滯、遲鈍，而無形中喪失良機。當然書
　　　　桌也是一樣，一位考生要想考上理想的學校，在吉利的文昌位讀
　　　　書，良好的射線會使得考生頭腦聰明、精神意志煥發。

　　②抉擇：辦公桌在吉位，書桌在文昌位。

(4)臥室：

　　①意義：人類一生時間，在床上度過的歲月，幾占三分之一，日落西
　　　　山，大地靜止一片，我們在睡眠中，承受宇宙大氣的磁場，長期感
　　　　應下，會有不同的吉凶現象，不可不慎。

　　②抉擇：取吉位。

(5)廚房：

　　①意義：廚房中的爐灶有火，一經燃燒煮食，空間的濕度波就會產生
　　　　變化，並且廚房中也有水，「水火相濟」或「水火相剋」，這兩種
　　　　情況的安排？氣流到底如何搭配？這些便是我們研究的課題。

　　②抉擇：取凶位。

(6)廁所：

　　①意義：廁所是穢氣射線集中之處，人類長期在居住的空間中，接受
　　　　排泄物射線的磁場，如果位置不對，會影響判斷力、情緒反應、及
　　　　理解力。

　　②抉擇：取凶位，並忌在文昌位。

㈡外六事

(1)土地：

　　注意宅第附近的土地，勿高低比例不夠協調，如太高、太低等，也要注意宅第附近景觀，勿沖穢、濕、亂等，以符合居住的安全。

(2)山：

　　宅第太近山建築，最重要一點是應注意龍虎邊的山勢變化。

(3)路：

　　路在陽宅風水學中，與卦象有關係，如直路、路沖、曲路等，都必得注意其方位吉凶。

(4)橋：

　　在目前工商社會裡，我們所看到的橋，不是單純的獨木橋、水泥橋，而是演進到天橋、路橋，並要注意天（路）橋所波及的橋箭、橋弓等情形。

(5)樹：

　　門前樹木的方位，樹木的數目多寡等，都與宅第局勢有關係。

(6)其他：

　　如圍牆在門前的方位、高低、距離等，如鄰居隔壁的建築景觀對我們的影響等，又如自己宅第前後的堆積物等，都是我們陽宅學上所強調的環境意識。

# ■結　論

　　諸位大德，最後我再告訴各位，中國先哲為了研究人與自然的關係，已經創造出好幾套學問，例如：八字四柱、鐵板神數、梅花易數、紫微斗數、占卦測字、子平推命等等，如果把這些哲學理論，同時配合風水學來合用，往往效果會更佳，原因是星相學推論細微、方位學修正方便，兩樣學術各有其專長。

　　前不久替一位朋友推八字，從星盤上顯示出他今年會常患腹瀉，問他是否有這個現象，住花壇的李君說：「奇怪的很，以前我是很少腹痛的，

但今年自從搬入新居後，就經常腹瀉，屢次找醫生拿藥都無效，醫生也無法決定是什麼原因？吃些止瀉藥，隔天又復發。」這時候我已瞭解到，只有陽宅風水對他才有助力，特別是他搬家後，還未請人看過房子，於是我便到他家測度一下方位，以印證是否因陽宅方位不對，影響他腹痛。

李兄住的是六運樓，坎離向，山水有情，風水相當不錯，只是他在坤位安床，適值五黃到，坤卦主腹，所以他經常腹痛，鑑定之後，決定教他把床安到巽位，取乾位來路，他如言修正了，說也奇怪，自此就不再有腹痛之事，而且財氣也比以前更旺盛許多。

宅第方位主要如是，並且與節氣緊密地結合，反覆地影響著我們的吉凶，瞭解方位、善用方位，相信生活會更吉祥。

# 陽宅吉凶調整

## ■漫　　談

接下來，我們來談一談「宅運」。其實，陽宅風水的流運及星相流運有密切的關係。在前幾節的講座中，我們已然瞭解了宇宙的涵義，佛教以「恆河沙數」比喻宇宙之大，以「不可說」說明宇宙之無限，以成、住、壞、空，表明宇宙之生滅，但觀天地運行、四時變化，這種週而復始的循環定律，卻是千古不易的真理，由此真理，也讓我們瞭解，人類受與生俱有的磁波決定命運，「緣生」是彼此磁波頻率的發射與接收之感應，「緣滅」是磁波頻率的時空特殊排斥效應，這就是人生必然的歷程，而構成命運的起伏。

很多人問我，到底有沒有命運？我特地舉例命與運兩者的關係來說明，有兩部汽車，一部是裕隆轎車，一部是西德進口的賓士轎車，當這二部轎車出廠之時，便已決定了它的「性能」，任憑它的車主如何設法改造，亦難將它改變，這就是命，它是先天的，道路就是運，亦即軌跡，二者關係有幾種型態：

  A.好命配好運：如賓士車行駛高速公路，一帆風順。

  B.好命配壞運：如賓士車行駛碎石道路，顛頓勞累。

  C.壞命配好運：如裕隆車行駛高速公路，有志難伸。

  D.壞命配壞運：如裕隆車行駛碎石道路，一生坎坷。

陰陽風水術的理念，最早也起源於這類占星術，因為命運意識講究「天人感應」，所以先哲們也相信，陰陽運動必有災祥蘊藏其中，所謂「察陰陽、知災祥」，風水家們不僅用星相推度社會生活中的因果關係，也「運用陰陽，以說地理」，因此就有陰陽風水術的產生和發展。例如古代的農民曆，是一種公眾曆書，舉凡節氣，以及日常生活上的細節，如修屋、耕種、收成、祭祀、嫁娶、出門、喪葬等等，多以某月、日、時為黃道吉

日，或黑道禁忌爲標準，這些日子的定出，依然是以卦理宮位爲依據，例如：

> 「二月，卯己，二十二日，星期五，農曆初二，庚申，執鬼，凡事忌，少取。」

斷語曰：「驚蟄聞雷米似泥，春分有雨病人稀，月中但得逢三卯，處處棉花豆麥佳。」

> 「十月，亥丁，十五日，星期五，農曆初四，戊午，成女，祭祀修造。」

斷語曰：「立冬之日怕逢丑，來田高田枉費心，此日更逢壬子日，災傷疾病損人民。」

黃道黑道？嫁娶宜忌等，是農民曆爲每一日子所敲定的吉凶日，每一天宜作什麼活動，及從事什麼社會生活，都有註定，姑且不論其應驗性，這是表示農村時代社會活動的應驗，是農事與節氣變化，以及進行農事活動的經驗總結，在以農業生活爲主的環境中，以此爲依據，來安排一年內的農業作息及社會活動。

除此之外，人類也試圖以各種方式來偵測運程，預知吉凶，例如年初我有一位老友的女兒賭氣離家出走，找遍了所有親戚朋友，急的不得了，便到寒舍來，迫不及待地把他女兒徹夜未歸之事，原原本本的告訴我，原來是他女兒做事偷懶，被我那位老朋友責備，話說重了一點，就一溜煙偷跑出去了。我聽完他的敘述，就請他伸出手，隨便他伸出多少隻手指，「讓我來替你問一下休咎」我說。並且馬上告訴他：「你女兒現在已經在家裡，你回去就可以看到她了，記得，別再責備。」我那位朋友半信半疑的說：「我剛從家裡出來，怎麼可能她回家了？」我一看他不大相信，便對他說：「好吧！既然你不相信，讓我們來打賭吧！你現在馬上回去，看看是不是你女兒回來了，如果仍未回來，我請你吃飯，吃完飯後再陪著你去找，但如果你女兒如我適才所言的，已經回家了，今天飯局由你做東。」朋友無奈，只得回家看看，他女兒果然是到家了。此一事實玄機是，我以遇到老友時間的年、月、日、時爲核心來定卦，有了卦之後，再叫友人伸

出手指，妙處就在看他伸出幾根手指來決定是那一爻動，然後得到變卦，再從正卦、變卦、互卦之中去推斷問題。

　　類似這種推玄斷易之術，在「搜神秘覽」中也有記載，有一名風水術數家，在替人算出休咎後，贈幾句偈語，結果不但救人一命，更使人沉冤得雪。話說四川有一名高人，名賈孝先，善於占算休咎。某日，有一商人，名字王旻，因經商至成都，可能自己預感有不吉之事，煩躁不安，特意到賈某處求卦，希望得到一些指示，當日賈某占算一番後說：「教住勿住，教洗莫洗，一石穀搗得三斗米，遇明即活，遇暗即死。」並再三吩付王旻要熟讀這幾句偈語。王旻與賈孝先告別之後，繼續上路，途中遇到大雨，便到一屋下避雨，不料避雨的人越來越多，擠滿了一屋子，王旻此時忽然靈機一觸，莫非「教住莫住」就是指此耶？遂冒雨而行，未幾，小屋子突然倒塌，避雨的人無一倖免，獨王旻因冒雨離去始免受難。王旻之妻與鄰人有染，常俟王旻出外後幽會，後因希望能雙宿雙棲，已陰謀要把王旻殺死，這次王旻遠行後，他們已商議好一切，如何把王旻殺死和如何善後，只待王旻回來。不久王旻回家，對妻子與鄰人私約謀害之事，懵然一無所知，仍如往常一般，其妻已暗中通知鄰人，待天黑其夫沐浴時，將其殺害。

　　入夜王旻之妻點起油燈，要王旻去洗澡和換過衣服，王旻突然記起偈語「教洗莫洗」，默念指此耶？遂堅不從，王旻之妻見他不肯去洗澡，一時忘卻與情夫有約之事，便自己去洗，甫入浴不久，就有人從外以水潑熄油燈，然後亂刀斬下，王婦連呼叫都來不及，命已入黃泉。此案發生後，兇手逃走，最大嫌疑人自然是王旻了，結果被逮捕。審訊時王旻百口莫辯，最後王旻無奈說：「死即死矣，但賈孝先所言終無驗耳！」有衙役把王旻的話轉告郡守，郡守本是清官，遂命暫不要把王旻行刑，並親自詢問王旻，隔壁是何人居住？王旻答曰：「康七是也。」郡守便命人把康七捕來，說他是兇手，審訊之下，康七果然招供認罪，此案水落石出之後，郡守向同僚解釋：「一石穀搗得三斗米，那剩下有七成必是糠，糠七與康七同音，是故把康七捕來審訊，果驗也。」而「遇明即活」亦對也。

以上我所談的都是先哲爲了預占未來，所用過的法則，這些法則有靈感、有觸機、有頓悟、有釋言等，我們稱之爲「術數」，但陰陽家勘察陽宅，從各人居住的空間範圍，占卜吉凶禍福，主要是測度方位，輔助工具是羅經，用此來演繹萬物，羅經盤上有四方五正、五行八卦、天干地支、二十八星宿、黃道黑道日等，除此工具指引之外，尚輔之以山川走向、道路情勢、水局氣旋來進行斷言，當然效果是更有徵驗性的。

## ■理　　論

### 宅　　運

宅運流年是指一所宅第，從建築完工後，搬進去住開始計算，逐年去推論此宅每一年吉凶，迄本宅第損壞到不能居住爲止，以一般常理言，宅第保存的年代，往往比宅主的壽命來得長久，有時甚至推算個上百年也是平常事，但一般宅主在宅第中居住利用宅運，能有五十年已算非常難得，更便況一幢宅第在幾十年的人事更替之下，也可能變更好幾位宅主，目前都市公寓大樓，有些都是出租的，房客換來換去，流動率也很高，所以宅運的推論，應把握幾個原則：

(1)時間：一幢宅第的空間，能影響居住人，主要是「波」，空間波從居住到應驗的時間約爲二年至三年。

(2)特色：宅第的宅卦與節氣的關係，宅卦是「位」，節氣是「向」。並且還要把這個結論，應用入命卦求其影響力。

(3)癥結：宅第內居住者的相互靈動力，所以除了以宅主爲主之外，還要兼顧其他家人。

(4)影響力：宅運的影響除了心理方面的情緒變化之外，在肉體方面的健康與否都有關係。

宅運的形成，會有宅運吉，宅主流年凶，或宅運凶，宅主流年吉的情況，如果有這二者流運抵觸之時，當以宅運吉凶爲次，而以宅主之流年吉凶爲主，所以最主要的關鍵，就是在以宅運來彌補宅主流運的不利了。

　　由此我們更明瞭了，宅運是以全宅而論，推論的方法是以「當年太歲星與宅第的坐山卦星」作依據，二者合併用九宮順佈，而不是用元運表，首先以當年的值年星入中宮，順行八方，再代入本宅的坐山，判斷是屬於那一個星宮，看它順飛在九宮的那一宮，是生是剋，再看本宅今年宅運吉凶的。例如：

　　⑴民國八十年辛未年，坐北坎宅的吉凶如何？

　　　　解得：此宅坐北爲「坎」卦，今以「九紫」入中，順飛九宮，得見坎卦飛入「五黃」土，是爲土剋水，故作凶論。

　　⑵民國七十年辛酉年，坐南離宅的男命宅運吉凶如何？

　　　　解得：此宅坐南爲「離」卦，今以「一白」入中，順飛九宮，得見離卦飛入「五黃」土，是爲火生土，故作吉論。這樣算出宅運爲吉之後，再按該男命的命卦代入宅運，再求兩者關係。

　　這種宅運的值年吉凶，是在「元、運」吉凶之下，一運管二十年，並不是指二十年俱吉或俱不吉，因其中每一年的宅運值星，可以調節其中每一年的吉凶，瞭解此點，我們知道宅運關鍵是先計算「元」、「運」的興衰，再配合命卦的流運，計算完後，方可成定論的。


## 預　　言

　　除了宅運能測出未來吉凶之外，最近從一些科學報導上，對「預言運勢」這種學術，也讓我們來探求一番。何謂預言術？例如：出土的羊皮軸上對世界末日的預言。例如：唐山大地震前曾有人在夢中得預報。例如：劉伯溫燒餅歌。

　　聯合晚報曾經報導過，在死海堤岸上被發現的羊皮軸預言，曾準確地預測到日本將成爲世界經濟強國、兩次世界大戰、以及人類在一九六九年首次成功登上月球。據分析說明，它的準確度比十六世紀著名心靈學家盧殊的預言還要高，其中有一些片段預言，摘錄如下：

　　⑴二○○三年一場大風浪毀滅了美國的紐約市。

　　⑵二○○六年一場地震毀滅了美國加利福尼亞州。

(3)二〇〇八年選出美國第一位女總統。

(4)二〇一八年核爆炸摧毀了蘇聯。

(5)二〇二九年五月七日上午十時，地球與彗星互撞，世界末日來臨。

　　爲什麼古代人竟然會在羊皮軸上，對未來世界作出了這些預言？他們憑藉著…什麼提出這些驚人之語？這難道是人類探求未來學的一個謎？但地球會不會在未來毀滅呢？根據科學家們分析：地球因地心重量及放射性元素的關係，內部的能量還在不斷地累積，或許有一天會形成巨大噴發，形成地殼變動，但還不至於毀滅人類。會不會與其他星球相撞？科學家們分析，這個可能性幾乎等於零。另一個研究主體是太陽，其中心溫度高達二千萬攝氏溫度，每秒鐘發出的熱量是二十億億億卡，比氫彈的熱核反應還大一倍多，這種不斷地燃燒，是否有一天會形成類似黑洞現象，不再有光和熱，儘管這是遙遠未來的未知，但畢竟是可能的，並且也已引起科學家的高度重視，正在爲人類探尋到其他星球生存的途徑。然而這些預言家是依據什麼來作出以上的預言呢？

　　是否真有外星人的存在，並賦予預言家們這個能力？

　　美國戈達德空間飛行中心曾預言，地球在一千二百年後，地球的磁極將發生倒轉，而當地球磁場消失後，地球的磁層將受到破壞，太陽風可以長驅直入，各種宇宙射線就會傷害地球的生物和人類，有科學家推測，地球曾如此毀滅過，甚至也留下了痕跡。例如：在南美洲發現一條離地面二百多米深，數千里長的隧道，裡面一些類似傢俱的桌椅，既不是石頭，也不是木頭，卻有驚人的硬度，而且還發現許多印有文字符號的金屬片，而預言家由此得知一些神秘預言，但我認爲這種可能性較不大。

　　是否預言家們根據星球的特定軌跡，對自然界相關事物的變化，以及超人的超感覺感應，所作出來的一種推斷性判斷？

　　這種推測是比較有依據的，我們知道人類很早認識天體變化對地球的影響，並據此定出干支、甲子，來推斷社會政治災害異變的規律，例如一甲子爲六十周年，每二十年爲一限，甲子的頭一期稱「小順」，此時社會開始趨向安定，第二期爲「大順」，此時風調雨順，人民安居樂業，社會

政治安定，後二十年伴隨而來的就是政治異變、戰禍動亂，歷史是如此反復循環的。六十甲子怎樣定出來的呢？怎麼不定出八十甲子、九十甲子呢？這應該是星相預言家對自然現象、天體運行規律的探討，也與太陽黑子氣候的週期、地球的近日點、遠日點，和彗星至地球的運行週期有關，或許這其中的預言應驗，是加上預言家本人異常的感覺能力也未必不可能。

一甲子年之週期變化

彗星運轉軌道及週期

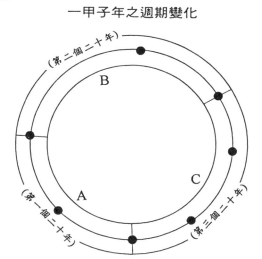

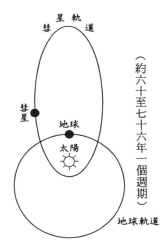

A 小順：社會政治較為安定。(第一個二十年)
B 大順：風調雨順，社會政治安定，社會繁榮。(第二個二十年)
C 自然災害增多，社會動亂，改朝換代。(第三個二十年)

＊ 彗星軌道進入地球軌道約等於二十年的切口線長度。

　　有一次在美國加利福尼亞州的一市鎮的警察局，警察接到一個女子的報案電話，說在馬克德納爾德街的鐵路道口，有一列開往聖菲的快車，和一輛大卡車相撞，一個男人受了重傷，請趕快派救護車來。可是，當警車和救護車趕到現場時，鐵路口一片寂靜，根本就沒有發生什麼車禍，警察還以為是那個女子惡作劇，正待離開，突然一列火車風馳電掣般地飛奔而至，恰在此時，一輛卡車駛上鐵路拋錨了，說時遲那時快，一幕如那女子說的慘劇，在警官們目瞪口呆之下發生了。這種情況只能說明一點，即那位女子有超感覺，接收了某種「超時間訊息」，才有如此的預報。

　　中國有句古軼語説:「山中方七日,世上已千年」,這句話來源於一個故事,説一個人在山中觀人下棋,不覺過了七日,後來回到山下家中,發現世人都已千年過去了,這是一個有關「時間」過程的故事,本身也具備某種「時間速度」的概念。「山中」自然是一個特定地域或時空,這個空間裡,時間的速度幾乎凝滯不動;「山下」的日是以地球自轉一周爲標準,一日爲八萬六千四百秒,這個數目等於地球周長的二倍,也就是地球自轉半公里爲一秒,秒已含有「時間速度」的概念了。古代的「山中方七日」,難道真有某人脱離了地球的運轉,進入了另一「時空」,而發現這種現象?

　　屏東縣新園鄉瓦瑤村的鯉魚山活火山,首次爆發是在清康熙六十一年,往後爆發週期是一年一次,八十一年農曆大年初三曾爆發一次,隔了約十個月後又再次爆發。由此可證地球磁場有週期波現象,科學家也已經在實驗中提出,太陽系存在有能源週期的事實,星相家依據太陽系的能源週期,代入各人的出生日期,用公式可算出各人體力、情緒、智能的磁場波動,稱之爲「運氣週期波」,處於人類週期波的高潮時,就會體力充沛、頭腦清晰,在低潮時,便容易疲勞、情緒低落、記憶力判斷力均差,而高低潮相互轉化之際,叫做「危險日」,這個時候人類的體力、智能、情緒極不穩定,容易舉止失常、操作失誤、疾病、意外、災難、死亡的機率大增。在實驗中,把運氣週期波分類爲三種:

(1)疾病波:

　　每二十三天爲一週期,顯示人體的健康、耐力、抵抗力的好壞起伏,爲肉體式磁波。

(2)情緒波:

　　每二十八天爲一循環週期,顯示情緒感受、注意力、判斷力的程度,爲精神式磁波。

(3)創造波:

　　每卅三天爲一循環週期,顯示智慧思考、集中創造的優勢。

　　這種週期性和地球電磁場的時變化、日變化、月變化、年變化有密切的關係，從這種運氣週期波的日期數，我們可以明顯地看出疾病、情緒、創造等，三種波的最小公倍數正好是 $23 \times 28 \times 33 = 21252$（天），恰好是六十年一週期，和一甲子是六十年一週期相吻合，果老星宗、四柱推命等等這些星相學理論，古代是根據易經，並歷經千餘年的統計學演繹而來，今日我們已然發覺，這其中與天文學、地球電磁場、物理學等理論有關，舉凡五行生剋之理，也一一符合現代邏輯，如命理學上所講的發財、升官等，也與身體健康、宅運吉祥有關，有健康的身體、吉利的宅運才會陞遷，也才有升官的機會，相反地，如果身體疾病、宅第破財，那有升官可能？

　　磁場、命運、宅第這些項目的吉凶，引導著人類繼續走向未來，如何譜出更美好的明天？調整宅第、注意人生流運，不啻是我們預知未來的指標麼。

# 第二篇　釐清風俗

## ——講座焦點——

　　風水觀念是逐漸形成的，在學術組織的過程中，有的根本不是真正風水的理論，僅為風水的成因，本章主旨乃在使風水家明辨其分際，對風水學才不會迷失了方向。

# 主題一：陽宅風水的防盜觀念

圍牆高矮、寬窄、開門、形狀等能影響居住吉凶。【一般觀念】

**■古譚**

1.《宅譜大成》：「一道牆當一重山，宅四周有牆，牆多則氣厚。」

2.《陽宅大成》：「照牆上開大窗，名朱雀開口，主招是非。」

3.一般地理師就認爲圍牆門應開在龍邊、虎邊，宅第旁邊應有圍牆才表示有內外之別，牆上如開洞挖孔，就一定大凶。

**■今論**

　　其實圍牆的開門方位，及圍牆的建設景觀，能長期存在，主要原因有：

　　　　1.氣候考慮。

　　　　2.禦防作用。

　　氣候考慮乃指避免朔（北）風直吹，禦防作用包括防風、防水（洪）、防盜的功能，這是農業社會一直衍化迄今的陽宅風水習慣，目前存在與不存在，當從風候觀點去深入鑽研。另外要瞭解的是，所謂宅運乃指宅第空間內磁場的感應，空間外圍牆內的部份並無作用，因此非居住空間也。

## 主題二：陽宅風水的防風觀念

有人謂朝北向的房子，最好不要住，建築業也有此忌諱。

【一般觀念】

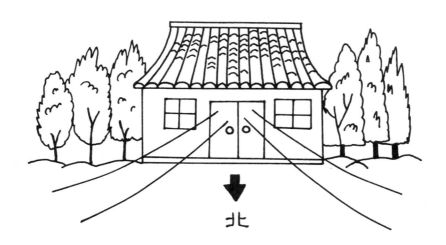

北

■古譚

1.《葉九升》曰：「又曾見諸大結地，竟有空缺無障蔽，如何此龍與此穴，反無凶災多發越？」

2.《魏青江》曰：「上納空氣，含蒂氤氳，勿致凹風吹散，天氣一泄，則地氣不守矣。人受八風之厲氣，其應驗曷可勝言哉！」

3.《陽宅十書》：「蒼蒼翠竹繞身旁，堪羨其家好畫堂；大出官僚小出貴，個個兒孫姓名香。」

4.凹風、射風、直風、急風的形成，係因風行走的路線，遇地形阻攔之緣故。

5.氣乘風則散，風散家運敗。

6.「朔風野大」，寒冷的北風，來自中國人的習性，皆不喜愛，所以座南朝北的房子，較爲人所嫌棄。

7.風水家偏愛防風竹，又把防風竹視爲案山。

■今論

古代這種觀念能持續存在的主要理由是：

1.對北方有禁忌：自古以來北方都是敵人，包括古代的匈奴，近代的蘇俄等，風水家沿習此習俗，介入地理觀。

2.北方風特別強：風水學認爲強風不宜，故禁忌之。

這些是農業社會一直衍化迄今的陽宅風水習慣，目前已經不成立了，假設一位東四命的人，住向北的房子，不正是他的吉利方向嗎？

另外，由「生物氣象學」的觀點來看：

所謂吉風，指周圍環境的氣溫在 20℃ 左右，溼度在 50％ 左右，又處於無風狀態之中，則人必感覺精神清爽。

所謂凶風，指當空氣中的正負離子發生變化，便會感覺到風勢不對，這時某些體質上對空氣敏感的人，其體內即會分泌大量的血清素，或甲狀腺活躍旺盛，或腎上腺素過多，影響個人的神經緊張，使工作情緒低落或脾氣暴躁、易怒等。

但古代對風的研究，沒有辦法達到如此地步，故僅認識其性質而已，感覺清爽的，氣息微和愉快的地點，便謂之藏風聚氣，視爲吉利，感覺刺骨寒沁的，刮吹疾掠的，便謂之風煞凶象，視爲不祥。

# 主題三：陽宅風水的防水觀念

富貴宅第後山要有靠，二邊要有屏衛，前面水要環抱，所以陽宅的水局便有各種忌諱。　　【一般觀念】

■古譚

1.有情水：《雪心賦》：「水若屈曲有情，不合星辰亦吉。」星辰指九星。

2.玉帶水：

　①《地理五訣》：「玉帶纏腰，貴如斐度。」

　②《陽宅十書》：「門前若有玉帶水，高官必定容易起；出入代代讀書聲，榮顯富貴耀門閭。」

3. 其他：《都天寶照經》一書提到，流水直射而來，如箭之衝殺。古代謂：一條直水是一條槍，二條名曰插脅水，三條云三刑傷，四水齊射爲四殺，最爲不利。

4. 結果：於是目前地理師就認定水弓是絕對不好的，彎弓內的水才是最好的，忽略了宅第中各人的居住習慣、居住方位，也沒有考慮水弓兩側是否有另外建築，形成「懼弓症候」。

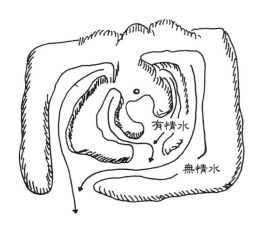

### ■今論

以地理磁學知識言，地球因自轉偏向力的作用，加以河床岸性的差異，與地表起伏的原因，自古以來，河道總是彎曲的。通常水流挾帶泥砂，在彎曲河道凸岸堆成淺灘，在凹岸則不斷掏蝕挖空，導至坍方，這種地理上的自然環境現象，風水家便把住在凸岸者，視爲有情水，主吉，住在凹岸者，視爲無情水，主不吉，因爲容易在凹岸坍方時，形成河堤潰決，河水崩流四射，而造成生命與財產的損失，這就是風水擇有情無情之主因。然而自古來，由於人類的愛好神話心理，把一些彎曲河流，視爲聖人降服巨龍或巨蟒之成績，把彎曲河道，喻爲龍身或蟒身之蜿蜒，神話了幾千年，如今的風水家，如果仍沈醉於此，則更是神話中的神話了。

目前的陽宅風水已無這種環境顧慮，因爲凹凸岸側都已築有溝、渠道等防水措施，不虞凹岸坍方，故在擇處而居時，僅判斷是否爲排水困難的淹水區即可。

# 主題四：陽宅風水的防土觀念

---

一、宅第的土質要與陰葬者一樣合乎軟硬適中，而且要前低後高。

二、如不慎五黃動土時，凶禍應驗均來自意外，並且一年中僅應驗一
　　次。　　【風水觀點】

---

**■古譚**

　　古代風水學在建築上，又偏好宅地應築有崇厚的台基，台基者有二個
現象：

　　1.地基要填高，且前低後高，避免積水。

　　2.宅前最好形成階梯式台階，誇耀地位。

**■今論**

　　陽宅風水的今日土地觀，我們應考慮的有下列幾點：

　　1.土質要硬，不是軟，才不會有挖地基不穩定現象。

　　2.地基要高，避免路面積水倒灌。

　　3.要有住家附近的動土危機觀念，預先防範意外災難。

# 主題五：陽宅風水的防樑觀念

宅第中的「神位擔樑」、「主臥擔樑」、「書桌、辦公桌擔樑」均視為陽宅風水的大忌諱，並且有嚴重的影響。　　　　　　【習俗觀念】

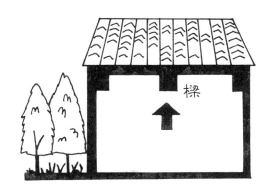

## ■古譚

　　風水理論中有「擔樑傷丁」、「沖樑不吉」的理論。例如：樑壓床位，樑壓神位，樑壓灶位等等，都是風水學上之禁忌。

## ■今論

　　防樑又稱避免「壓樑」或「擔樑」，其提出背景及論點如下：

　1.避免危險：

　　古代建築多不堅固，為防樑柱傾圮斷裂，造成樑下壓傷人之不幸後果，故有不可「擔樑」之風水學說提出。

　2.視覺效果：

　　對樑，則前面景觀被遮住，或造成視覺上的壓迫感，為求避免影響視覺效果，謂不可壓樑、對樑。

　其他並不必考慮風水關係。

# 主題六：陽宅風水的自然美、五行美、風景美觀念

高速公路開通之後，破壞了沿線風水地，造成不少家庭的不幸。

【忽略觀念】

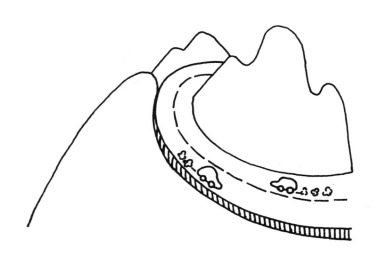

## ■古譚

1.自然美觀念：

《易經・繫辭上傳》：「天地設位，而易行乎其中矣，成性存存，道義之門。」

2.五行美觀念：

據《五德終始說》一書中，我們可以明顯看出，五行完全是儒家思想的主要理論體系，也是經由儒教把它發揚光大的。

「五」的定義是採儒教一貫傳承中庸之道而來，二個前鋒，二個後衛，中間夾一個帝王，此帝王經前後二個輔弼護衛，既尊貴又神秘，所以五也就合乎此道理了。

儒教既提出五行理論，又在政教中抬頭，故後世的陰陽家、風水家、醫藥界等等，便一番推崇附會。

3.風景美觀念：

(1)《孟浩天》：「察則詳於觀視，謂非曰眼力乎，彼道眼、法眼之稱，都從察中生出耳。地理者，條理也，即文理脈絡之理也。山脈細分縷析，莫不各有條理之可察。」又說：「倘格龍須三季，格穴須十年，則是羅盤必一怪物，而用羅盤者，必一憨人矣！山靈有知，自當爲之恥笑。」

(2)《入地眼全書》：「風水家應修煉有「地眼」，可入地觀龍看脈。」此論當真，則地理師應具有慧眼，如同現代 X 光透視掃描機，不管龍脈如何深藏，皆可找到，故又有現代著名某大師，找龍脈時以居家坐禪出竅方式爲之。

■今論

1.自然應與進步並行不悖：

哲學教授方東美說：「『自然』乃是一個生生不已的創進歷程，而人則是這歷程中參贊化育的共同創造者。」

自古來風水家在覓地建築時，多藉地形起伏之勢，多順水就下之性，凡此種種，皆在順其自然，但有一點風水家應認識的是，自然應與進步並行不悖，否則人類永遠就停留在伊甸園中了。

再舉實例詳論，例如台灣在民國六十三年，爲使我國躍居開發國家之林，而積極推動興建的國道中山高速公路，移山填海，沿途截切了不少龍脈，形成風水學上所謂的「病龍」，更遷葬了不少墳墓，當然也遭受了許多地方人士阻力與反對，這類個案，從不是風水家者的眼光去看，那些反對者固然是落伍頑冥，無可救藥，不知何謂自然？何謂進步？如果對一位真正對自然界現象，能透徹認識的風水師而言，這個自然與進步並行不悖的觀念，應是存在的。

2.五術應跳出五行的窠臼：

　　　　五行指金、木、水、火、土。其演進程序，乃由陰陽至五行至八卦再推演到九宮的。

　　　　風水家將自然界的現象，歸結到一個五行的世界圖式，自然界的一切現象，先被限定在五行模式中，阻礙了風水學科學的發展方向，且偏向了天人合一的神秘主義，故現階段研究者，應先認識這一層涵義，跳出此一窠臼，發展新印證出來的理論架構。

3.好風景地非絕對有地理：

　　　　最有名、最神秘的「地理仙家」，採觀星望斗、坐禪找脈、登山望雲等方式來找尋好風水，不管是流於如何地天方夜譚、鄉野傳奇？其理論立足點只有一點，即以「風景美」的角度，去對待風水學說，也就是根據「好風景地就有好風水在」的論點。

　　　　由以上的這些觀點言，以前庸師指地點穴，很多是根據這些狀況來欺曚。例如：背後有靠，兩旁有衛，前有環抱又有案台，又是自然未開發區，又是風景絕佳之地，就隨意取個動物名，誑人曰：「百年不可多得的大穴場」，賺取東家錢財，這種行徑，爲知識分子所不恥，風水學被蒙塵了。

# 主題七：陽宅風水的曲線美、順逆美觀念

我們的住家風水，凡附近有水一定要彎曲，不能有直流水。

【一般觀念】

## ■古譚

1.曲線美觀念：

　(1)《地理人子須知》：「過峽之脈，要曲不宜直，直爲死脈不吉。」

　(2)《堪輿漫興》：「重重起伏最爲奇，屈曲之元更東西；好似龍行並鳳舞，還如魚躍及鳶飛。」

　(3)《清朝・蔣國》：「三四折者可嘉，八五曲者極貴。」

2.順逆美觀念：

　(1)《疑龍經》：「君如尋得幹龍窮，二水相交穴受風；風吹水劫卻非穴，君尋到此是疑龍。」

　(2)《雪心賦》：「求吾所大欲，無過逆水之龍。」

■**今論**

1.環抱彎曲內聚氣藏風：

　在美學的觀點上，曲線美於直線，所以風水家論龍、論水皆把曲線比擬爲「有情」、「聚氣」來解釋，而且「山」龍應愈蜿蜒曲折，忽高忽低，時隱時現最好的，「水局」應愈曲折玄彎，聚氣愈厚，愈見富貴。

2.順逆相迎才合乎陰陽：

　順逆者，乃指山川拗轉之勢也

　山川順逆情勢，常見者有二種方式：

　(1)順水之龍：

　　山水同一走向，至山窮處，而兩旁水流，越過山前合流，形成山走水去，此龍僅順水而無逆收，全無格局，則無法藏風聚氣了，謂之順水之龍。

　(2)逆水之龍：

　　水流朝向本山而來，此山爲逆水，雖與順逆美原則符合，但如那逆勢太強，直逼穴前，自然就無法構成陰陽調和磁場了，謂之逆水龍。

　　所以風水學上的順逆美，便又提出「天門開，地戶閉」的理論，天門；與宅基同向，宅前水流來處，謂天門。地戶；與宅基同向，宅前水流離開處，謂地戶，又稱水口。此作用就是在，符合風水的順逆美，在陰中取陽，陽中取陰，逆中求順，順中求逆之理。

　　這種風水理論，適用於鄉村陽宅及陰宅，不適用於都會區宅第。

# 主題八：陽宅風水的陰陽美觀念

一、陽宅若能找到陰陽協調得宜的大穴場居住，一定富貴。

二、藏風聚氣不對，風生水起好運來才正確。　　　【忽略觀念】

■古譚

1.《易經繫辭》：「剛柔相推而生變化。」

2.《青囊經》：「陽以相陰，陰以含陽。」

■今論

　　風水學家認為：

　　「山；性本靜，屬陰。水；性本動屬陽，陰陽交會，始結龍穴。」

　　山以靜為常，而動者屬陽，故僅山之靜，不能構成陰陽調和，必求山脈行度，踴躍奔騰，才謂之「龍脈」。

　　水以動為常，而靜者屬陰，故僅水之動，不能構成陰陽調和，必求流水迴環繞曲，靜流無聲，才謂之「水局」。

　　但要瞭解居住環境中陰陽宅的風水觀有別，不是合乎陰陽美的就適合建屋居住，這種觀念我們稱之為環境景觀，分析如下：

1.陽宅景觀

| | 好的環境景觀 | 壞的環境景觀 |
|---|---|---|
| 自然景觀 | (1)地勢高亢。<br>(2)地質堅固。<br>(3)排水良好。<br>(4)陽光充足。<br>(5)空氣清新。<br>(6)綠地優雅。<br>(7)交通方便。 | (1)公害地點。<br>(2)水土不良。<br>(3)危險地帶。 |

|  | 好的環境景觀 | 壞的環境景觀 |
|---|---|---|
| 人文景觀 | (1)原則：<br>　各種人際關係的溝通良好，精神與物質供應的機能性強。<br>(2)實例：<br>　如高級都會區，住宅區，文教區等。 | 不好的人文景觀，即指住家附近的不良環境，容易造成精神的壓力者，如風化區、賭場區、毒窟區、難民區、竊盜區、嘈雜髒亂等。 |

## 2.陰宅景觀

|  | 好的環境景觀 | 壞的環境景觀 |
|---|---|---|
| 自然環境 | (1)藏風聚氣。<br>(2)後背有靠。<br>(3)穴場完整。<br>(4)明堂清秀。<br>(5)案山朝台。<br>(6)砂環水抱。 | (1)迎風散氣。<br>(2)後背直射。<br>(3)穴場有破。<br>(4)水局帶煞。<br>(5)水土不良。<br>(6)凶剋散集。 |
| 人文景觀 | 祭掃方便。 | 翻山越嶺，祭掃來回大費周章。或涉及地權問題，濫墾區，開路斷龍，拆墳築路等，葬後土地糾紛不斷者，皆主凶。 |

　　由這個表，我們看出來，一個人如果獨自離羣索居在山上穴場，是不對的，學生上課、逛街買菜，日常添物辦事非常不便，又如何能發展，一般人不瞭解，很多大穴場都已經形成村鎮、都會區了，這個觀念應有所釐清，否則本末倒置，大開歷史倒車。

　　另外再瞭解：

　　「藏風聚氣」與「風生水起」是相反的兩碼事，性質完全不同，風生則氣散，水起則翻騰，就風水原理言，風欲靜，水欲止，陰陽才能和合調節，絕對不會有風生水起而帶來好運的。

# 主題九：陽宅風水的儒家美觀念

一、殯葬時「白髮送黑髮」的場面，白髮人應持釘封棺。

二、三合院建築的宅第，如果不分父母、長房、次房等程序，就不對了。　　【一般觀念】

■古譚

　　儒家思想，重長幼倫理，故在社會生活上規定，子先於父母亡謂之不孝，長幼不按次序先後排列謂不忠不義，風水上如百山不來朝拜的穴場非真穴場。

■今論

　　中國文化有九流十家，其中儒家學說，一直導演著至尊地位，講究人與自然以及社會的統一，這其中包含著一種極其嚴格的社會倫理，與社會次序的結構，傳統風水也採用此套哲學，如穴場的形勢，有如「帝座御屏」、「左右輔弼」、「千山朝拱」、「百川同歸」等，把山川百岳的格局，比喻做人類社會的倫理結構，還真是受了儒家學術影響的一大美感

　　但這種美感是風水演進過程的一種倫理哲學，與真正的風水吉凶毫無關連，故如宅第內的居住次序，生死兩相送等，都是風俗非風水也。

# 主題十：陽宅風水的對稱美觀念

宅第結構如有虎邊比例不協調者，總是傷人。　　【美化觀點】

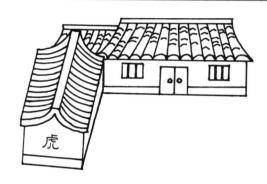

虎

**■古譚**

　　中國文化自古迄今都在講究對稱，如：

　　1.詩詞文學：一對二，山對水，半斤對八兩，太陽對月亮。

　　2.建築設計：工匠舖設地磚時，會注重磚的外形為正四方形，或正六邊形，那麼任何一塊磁磚，不論那個方向都能彼此契合，除此之外，還有顏色的對稱，圖案的對稱等。

　　風水學當然也不例外，本身受了人類各類學理的影響，也注重對稱的美感，如九宮格更是一種精確的對稱，以及陽宅方面的合院式左右對稱，和風水地理的龍虎邊對稱等皆是。

**■今論**

　　嚴格來說，虎邊比例不協調一定要有下列條件：

　　1.虎邊較高。

　　2.虎邊較長。

　　風水上稱之為「虎邊探頭」才是不利，如虎低、虎短並不會有什麼影響。但很多傳統的風水學被不求甚解者誤導了，更有提出「虎門」不利，「龍門」有利，「龍忌臭，虎忌鬧」的似是而非理論，真是誤人不盡。

# 主題十一：陽宅風水的名稱美、標榜美觀念

有一宅第以前居住的宅主及後代都很會讀書，功名順遂，我們搬入居住後，也能功名及第，飛黃騰達。　　　【一般觀念】

■古譚

1.名稱美觀念：

　好的風水地理，習慣上風水家們會給它們命一美名，有如替奇景命名一般，大抵是以動物的名稱，或優雅的詞句來命名的，如「犀牛望月」、「龍珠鳳眼」、「九鳳朝陽」等美不勝收，這樣的名稱美，當然也屬於風水學研究的一部分囉。

2.標榜美觀念：

　自農業時代人情味濃的社會以來，凡有地位的陽宅格局，大都會被列入考證範圍，例如一家族中有人考上舉人或進士，他的宅第就被風水家稱為「進士宅、舉人宅」。例如一家族，有某人特別長壽，他的居住地方就被風水家冠上「長壽居」的名稱。又如一家族幾個子弟都考上大學，

　　風水家就賦曰：「陽宅最要地勢寬平，山谷最重藏風聚氣，此爲×地×
×祖宅，龍昂秀發十子登科。」諸如此類，陰陽宅範例中，不勝枚舉，
君子稱人之美，本無可厚非，但站在風水學觀點，此不啻爲誤導行徑。

■今論

　　一間宅第是配合宅卦、命卦、陽宅流運等，才能做綜合性鑑定的，不
是前任宅主住在裡面有吉應，大家住進去都能吉祥，因大家的命卦不一定
與前宅主相同，以此誤導，也是不正確的。

# 主題十二：其他常見陽宅風水的風俗概念

一、連棟宅第最中間的房子，俗稱「擔二邊，不出運」。

【習俗觀念】

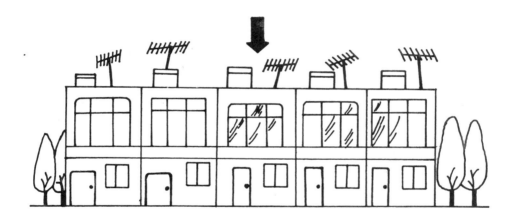

■解

　　房子與「挑擔」不一樣，二者本質不同，如此胡亂比較，是不正確的。

　　況且在連棟建築物中間的宅第，至少比在左右兩間宅第，減少了二面被偷竊的機會。

二、結婚應先合婚，再擇吉日，合婚首重三、六之數，再按生肖屬配，擇日應選吉日再擇吉時，否則容易犯沖桃花煞。【習俗觀念】

■解

　　星相合婚是根據「年、月、日、時」四柱推算才正確，而差三、六僅以年干為主就遽下定論，結果不夠精密。

三、宅中無供奉「公媽」神位，宅內不平安，而「公媽」分靈時，一定要持黑傘遮蓋，避免日曬傷陰。　　【習俗觀念】

■解

　　家中供奉「公媽」（祖先牌位）主要是風俗上的需求因應，並非有祖先神位就會如何好，沒有者就會如何不好。

　　「分靈」是把祖先分爐給兄弟輩去供奉，捧分爐後的祖

先牌位到家中時，以黑傘遮住陽光，這個風俗乃由日本時代流傳至今，以前台灣是殖民地，我們的先人在受虐待之後，「死而不願見日人之標誌——太陽」，孝順的子孫照辦，這個風俗就如此延續下來。

四、父母葬地吉凶的影響，應比自己宅第好壞的影響要大。

【一般觀念】

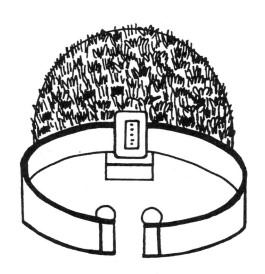

■解

1. 由文化演進觀點而言：

   陽宅較早，因人類從卜宅而居，就是在解決本身居住的問題，考古學者發現，人類是到了農耕時代，居所安定下來之後，才有大規模喪葬行為及風俗。

   然由於對慎終追遠的倫理提倡，對墓葬風水效應過度的神化，誤導一般民眾重陰輕陽的觀念了。

2. 由風水事實觀點而言：

   (1)先陽後陰：陽世者平安，才能照顧九玄七祖。

   (2)陰宅效應：陰宅效應考證困難，祖先們屍骨不全的感應，尚在研究中，不過在邏輯理念上，輕生重死的畸型發展，畢竟應先積極導正的。

五、宅第中如客廳擺飾錯誤，就會影響宅主財運及事業運。

【一般觀念】

■解

客廳擺飾雜亂是亂象，與人際關係有關。但影響財運及事業運者，應是與財庫位、旺位、文昌位、功名位有關。

六、辦公桌的方向能影響職位昇遷變動。　【一般觀念】

■解

辦公桌的調整一般是僅變向而不變位，是沒有任何影響力的。

七、逢沖的門可掛鏡子並藉其反射作用來調整。　　【一般觀念】

■解

　　所謂「逢沖」乃氣流亂象之一，鏡子的功能是「影像的反射」，與氣流完全無關。

八、睡醒酸痛、頭昏腦漲，直接與臥床腳對大門、鏡子照床、床頭向西等因素有關。　　【風水觀點】

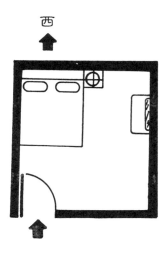

■解

　　醒後身體的不協調，與主臥之位有關，屬五行生剋的磁場反應作用。所以床腳沖大門，鏡子照床、床頭向西這些因素，都是心理作用及風俗上的觀點，並非實際的風水方位學應用。

九、陽宅住後不平安，乃在不利年入宅，及入宅儀式錯誤。

【習俗觀念】

■解

　　宅內不平安主要因素有三：

1.方位錯誤：如宅命卦不合。

2.格局有誤：建物型態多變。

3.節氣流運：每年地球公、自轉的影
　響。

　　入宅乃儀式，與實際吉凶關係無
直接影響。

十、陽宅中無供奉神位，及供奉的神像沒有開光點眼，均主不吉祥。

【習俗觀念】

■解

1.家中有無神位，與宅
　內平安與否完全無
　關。

2.但家中如有神位，不
　經開光點眼，膜拜之
　後，引入邪靈、怨
　靈，反倒不吉。

十一、宅前沖樹、沖廟、沖角、沖柱、沖脊等都絕對不平安的。

【習俗觀念】

■解

　　宅前有沖犯角、柱等等，要看方位，不是「逢沖即怕」、「見沖即凶」，因為在某方位的凶剋物才會造成氣流的不當迴旋，形成凶氣，如不在特定方位上是沒有關係的。

十二、農民曆上面，每年均有大利□□，不利□□，而大利的方位，我們就可動土、入宅，不利的方位，我們就不可動土修造，甚至也不要搬入不利方位的新居。　　【一般觀念】

■解

　　農民曆的大利？不利？是一般籠統的約略統計。

　　每個人真正的吉凶應驗，應是根據每人不同的年、月、日、時四柱推算才算正確。

---

十三、修理圍牆，加建頂樓，房間隔間都屬於動土的項目。

【風水觀點】

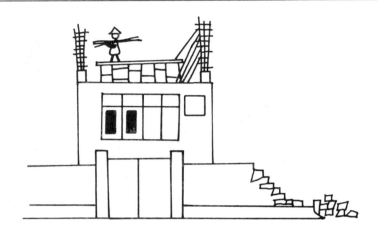

■解

　　宅第之「動」有二種情形：

　　(1)動土：凡宅內外前後左右有挖掘動作，曰「動土」。

　　(2)修造：凡宅內有翻修整建，謂之「修造」。

---

十四、例如八十年正北位不能動土，也是指在陽宅內部的正北位不能

　　　　動。　　【風水觀點】

■解

動土：

1.範圍：

　宅內及宅外。

2.距離：

　宅外二百公尺內應驗。

3.程度：按比例增減，並與深度成正比。

4.感應：約一星期內即應驗，也與動土工程大小成正比。

十五、每年不能動土的方位沒有動土，就一定可保宅內吉利平安，無
什凶禍了。　【風水觀點】

**■解**

宅內的平安與否，動土只能算是其中一項因素而已，是有影響但亦非絕對影響。由此可知，宅內外雖無動土工程，但也可能會有其他不利的條件剛好應驗，所以人類對居住空間範圍內的危機意識不可不深入瞭解。

十六、東四命的人選擇了東四宅就絕對吉利，西四命的人選擇了西四
宅也絕對吉利的。　【風水觀點】

**■解**

房子的宅卦與命卦的配合，是一個原則而已，裡面的主臥和爐灶、廁位錯誤也不算吉利，外面的環境如果理氣，巒頭不理想也不算合格，故命宅卦配合是吉利，但非絕對吉利。

十七、磁場包括磁氣及節氣，統稱為氣流，是靜態的，熱量及波長，
　　　能主導陽宅內動態的吉凶。　　　【風水觀點】

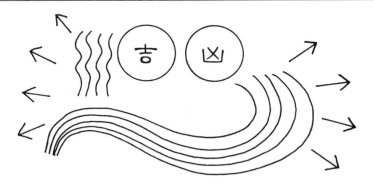

■解
　　熱量溫度差及射線波長，在宅內方位的認定是靜態的吉凶，節氣的循環是動態的吉凶。

十八、冷氣機的認定是歸屬於熱量吉凶物。　　　【方位學術】

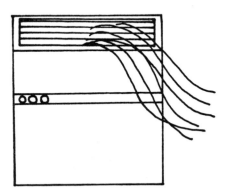

■解
　　冷氣機因有冷與熱的對流作用，產生宅內冷溫，往宅外釋放熱溫，故非熱量吉凶物。另一方面就其重量而言，它的位置是放在宅內外接觸面的牆位，故也沒有影響。

十九、動土修造都是指有挖掘的動作，如加蓋、拖尾、拆除、重建等
　　　都不包括在內，也就是不會應驗吉凶的。　　【風水觀點】

■解

　　陽宅學所講的「動」，指
修造和動土兩者皆是。動土
是挖掘動作，修造是加蓋、
拖尾、拆除、重建等工作。

二十、大門的高度錯誤，會帶來凶兆。　　　　【一般觀念】

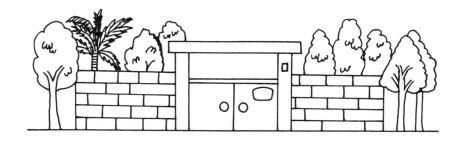

■解

　　大門的高度錯誤，在目前一般概念是以「文公尺」的吉利尺寸來認
定，這是毫無作用的，真正的吉凶，是方位與高度的配合，非單純的尺寸
高低。

二一、臥室能影響自己的身體運、子女運、感情運，以及關厄運。
【方位學術】

■解

臥室能影響：

1.身體運。

2.財利運。

3.感情運。

所代表的是方位吉凶。

二二、廁所會影響身體運、財利運、子女運、而影響最明顯的是身體
運。　【方位學術】

■解

廁所的影響有下列幾點要件：

1.射線。

2.洩金。

如射線錯誤，污穢文昌有不好的
影響，如馬桶剛好在財庫位上，沖馬
桶等於「洩水」，指洩金也，也應驗
破財。

二三、瓦斯爐影響健康最鉅，所以瓦斯爐的火位不能太多，炒菜的鏟子也不能向門外炒，有破財之虞。　　【方位學術，習俗觀念】

**■解**

　　空間內的溫度如產生高低不協調的變化，會影響我們的身體疾病，這是正確的，但炒菜的鏟子向內、向外炒的動作，是一種風俗忌諱作用，與風水吉凶毫無關係。

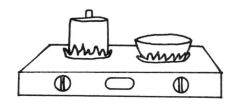

二四、廁所內抽水馬桶的方向不能與大門同向，應驗破財不利。

　　　　　　　　　　　　　　　　　　　　　　　　　　【一般觀念】

大門

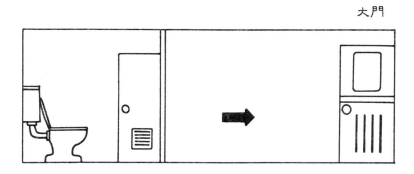

**■解**

　　廁所吉凶的鑑定重點在「位」非「向」也。

---

二五、在陽宅內養魚能幫助財運順利，但水流方向不能往門外流出，
　　　也不能聽見水聲淙淙。　　【方位學術】

---

■解

　　魚缸主「水」也，水金相生，主「財」也。所以魚缸就被認定爲求財
法寶，其實方位如擺飾不對，也僅具有觀賞性質而已，方位如果正確，也
不必麻煩到擺魚缸，隨便以陶瓷器裝些水就有「相生」的作用了。

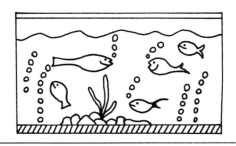

---

二六、如果文昌位剛好有廁所，此時兒童欲求功名，應睡在廁所內，
　　　或在廁所內讀書。　　【方位學術】

---

■解

　　廁所方位錯誤了，這是一種「象」。

　　雖然在廁所內「Ｋ書」似乎符合應用
此「位」，但「象」仍存在，也就無作用
了。

二七、人類的意外運，在宅第方面應注意的項目，包括：大門、主
　　　臥、瓦斯爐、結構等。　　　【方位學術】

■解

　　人類的意外災難與
下列原則有關係：

　　1.命造。

　　2.流運。

　　3.宅第。

　　4.職業種類等。

　　在宅第方面影響因素包括，大門、結構、環境、動土。

二八、文昌位、財庫位、桃花位、天壽位，每年均隨節氣而變換不同
　　　的位置。　　　【方位學術】

■解

　　宅第內有固定方位的「宅本
運」，這些方位在房子空間固定成立
後，不會隨流年而變動。

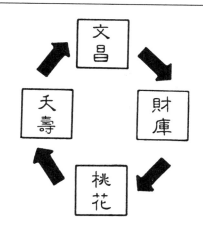

二九、為了調整動的磁場所帶來的吉凶，所以我們的房子可以設計為
　　　自動旋轉，一天轉動 360 度來因應。　　【方位學術】

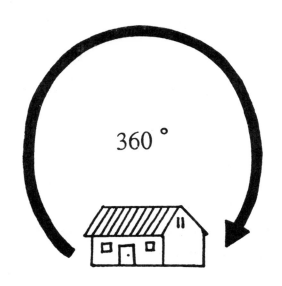

360°

■解

　　陽宅風水的吉凶，有二種條件促成：

　　1.宅第空間的磁場感受。

　　2.宅第內外接觸點的節氣變化。

　　如房子能轉動，可改變第二項條件，第一項條件也不會有變，況且房
子磁場感應的時間要三年，才能定型反應出來，每日的變化不會因而定
型，也是毫無作用，實際上建造也有困難。

三十、陽宅除大門之外，一定要再開個後門。 【方位學術】

前門　　　　　　　　　　　　　　　後門

■解

　　陽宅的前後門是否需要的問題，一直持兩種看法。其實一個固定空間的入氣不必太過混雜，如有二個入氣門，二門都入吉利節氣時，該年大利，但萬一流年運是二門都入凶煞節氣，該年就意外災難。所以宅第在求日常平順，不是大吉大凶變化不停，以方便、安全的觀點是無可厚非，如以風水的角度言，大可不必。

三一、宅第中如果大門不對，俗稱「吃藥厝」。 【習俗觀念】

■解

　　所謂「吃藥」，是指宅第的爐灶每日不是煮三餐，而是宅主身體有疾，每日煮藥的時間比煮飯還要緊湊，便稱為「吃藥爐」，關鍵還是在「爐」，非「厝」也。

---

三二、添丁厝都一定是吉屋。　【風水觀點】

---

■解

　　「添丁」，是陽宅吉利項目之一而已，並非本厝能添丁就一定其他項目都主吉祥，如本宅添丁，但環境外有曜煞剋物，也是會應驗不祥的。

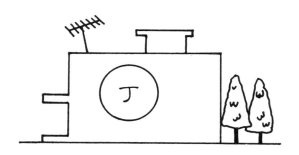

---

三三、如希望本年內添丁，只要在年初調整宅第為添丁厝，就能如願。　【風水觀點】

---

■解

　　調整添丁的時間約三年。因為宅第磁場發生作用，是本來就約三年，調整後再等磁場感應作用，是要有時間性的。

---

三四、人類的聰明才智程度，可用厝宅調整來改變。　【風水觀點】

---

■解

　　厝宅並非代表人生的全部，故厝宅的吉凶是一種命造、流運吉凶的彌補而已，無法根本推翻原有不好的，再重新塑造。

三五、陽宅如果開二個吉利方向之門，則較能年年如意。

【風水觀點】

■解

　　二個門進來二種節氣，故如該年節氣吉，開二門能更吉，如該年節氣不吉，開二門便更凶煞了。

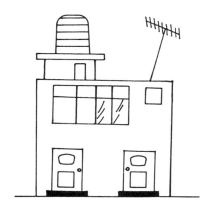

三六、本年度住進功名厝的考生，一定能考上理想學校。

【風水觀點】

■解

　　本年度住進功名厝的考生，考上理想的學校比率會增加，但非絕對。撇開用功程度不談，完全以宅運觀點來說明，如功名厝文昌位對，當然吉利，萬一是功名厝，但文昌位卻錯了，考運也是會打折扣的。

三七、凶厝要預防時，可以少開門的方式來未雨綢繆。【風水觀點】

**■解**

凶厝的形成條件有下列幾點：

1. 宅內方位錯誤。
2. 宅外巒頭理氣不對。

我們用少開門的方式，雖可減輕外在環境氣流的承受，但宅內中方位磁場的吉凶，陽宅本身格局的錯誤，仍是無法完全排除。

看完以上諸點觀念，風水學與風俗、習慣就能明顯的分界了，一位陽宅學者如僅存有風俗的觀念，是三等的風水家，真正的風水家是在找出凶煞剋應，羅庚格位，宅運流年的關鍵。今日我們應充分瞭解，何謂風水核心？何謂風俗？何謂風水演進過程中的不成熟理念等，並把人云亦云的錯誤觀念，從學術中篩選出來，如此才能成為真正的風水「明家」。

# 第三篇　今日陽宅

──講座焦點──

　　研習陽宅風水，有關不動產法令及政策，與我們息息相關，本篇特別提出現階段陽宅新概念，增進實用性。

# 主題一、法令政策

## 一、二次土改

號稱「第二次土地改革」的多項管制措施，正由內政部、財政部等相關單位積極研議中，其管制措施包括：土地交易按實價課徵土地增值稅、變更地目課徵土地增值稅、提高空地稅、限制私人土地面積、實施容積率等，基於土地資源有效利用及公平原則，應該實施土地交易按實價課稅、變更地目課稅、實施容積率，但對於限制私人土地面積，及大幅提高空地稅，主管機關宜再考慮。

目前公告地價遠低於市價，一年內移轉又不用課土地增值稅，形成房地產交易課不到稅的漏洞，基於稅基公平，應按實價課稅；主管單位現在由實務考量，決定大處著手，選擇非自用住宅交易按實價課稅，應可以接受。

變更地目所獲地價上漲部分，本非個人努力所得，理應課土地增值稅，現在的問題是「課稅時機」，畢竟在利益未實現時又如何課稅？這點仍有待研究，至於建築物容積率可以提昇居住品質，本來就應加速推展。

不過限制私人土地面積，對土地有效利用，兩者相互衝突，若擔心土地為人壟斷，可以考慮採用累進稅，或提高地價稅限制。

提高空地稅這一項，主管機關宜考慮到地主刻意規避，草率蓋屋應付，居時土地資源仍無法有效利用，另一方面，地主轉嫁空地稅也會形成地價上漲，而二次土改在理念上、技術上，都應以土地有效利用，及公平兩原則來決定。

## 二、土地信託

國內不動產價格不斷飛漲，再加上不動產涉及的專業知識又廣，早已脫離早先任何人皆可參與的階段，而進入須靠專家來經營的年代了！

　　政府各主管機關有鑒於此，乃想引進在國外相當盛行的「土地信託」制度，期望社會大眾能聚沙成塔，共同參與各項不動產之建議，而不致使不動產，淪爲少數財團的斂財工具。

　　「土地信託」既然如此受到重視，則國內對於此一制度，應該有相當深的研究才對，不過以目前的情況看來，恰好相反，也就是說國內大部份的民眾，甚至包括不動產業者對「土地信託」不甚了解。

　　所謂「信託」，依其字面觀之，即可知道是「信任委託」之意，也就是將自己的財產在基於某種目的之下，將它交給自己所信賴之人去操作、管理及運用之意。

　　對於土地信託的意義，我們可以假定受託人是大家所熟悉的信託銀行（非現行之信託公司），再詳加說明如下，本來銀行的營業方式是將客戶所寄存的金錢存款，向外界做貸款（放款）業務，並使借貸雙方都蒙利的一種賺利息差額的「信託行爲」。而所謂「土地信託」，就是改用土地來代替金錢，也就是客戶（地主）將自己的土地寄存委託給信託銀行，並授權信託銀行做全權操作、運用的一種「信託行爲」。而信託銀行在接受委託之後，就根據地主所委託寄存的土地與地主簽署契約，並依約興建各種建築物，而信託銀行尚須負責集合資金，及從工程動工開始到完工的整個管理、營運工作，最後信託銀行再將整個案件所得到的成果（即紅利）分配給地主。

　　此外，地主本人對於建築物的管理、出租、出售或「等價交換」等業務，都可以不必自己費心，而全部交由土地信託銀行業者代勞。另外當土地信託期限屆滿之後，土地信託銀行還會將地主所分配之土地，及建物權利全數歸還給地主，而這也就是土地信託銀行，對土地有效利用，所提供的全套服務概況。

## 三、不動產證券化

「不動產證券化」可提供給一般投資人更多的投資管道，目前國內投資管道極為缺乏，不動產市場更是以大金主和企業投資為主，小投資人沒有能力進入不動產市場，不動產證券化後，可使不動產市場成為「平民化」的投資商品。

不動產證券化在美國推行的相當普遍，我國未來朝此發展也是必然的趨勢，惟我國在開放前必須先做好充分準備，否則所產生的後遺症，將對我國金融發展帶來極大困難。

不動產證券化在開放過程中，有些技術層次問題，切莫以為在國外可行，我們也可以馬上引進。首先，如不動產抵押債券，係以不動產放款和放款銀行這兩層抵押作為保證，其安全性極為可靠，可以把銀行信用擴張到極限。可是如遇上不久前，類似美國不動產大跌的情況，可能會使銀行信用遭受嚴厲的挑戰，甚至有可能面臨銀行體系瓦解的危險。因此，有關這類先進國家的經驗，有關單位在事前應做完善的考慮。

其次，我國目前的銀行體系，是否有足夠的能力來承做這項新金融商品？迄今為止，我國的銀行信託部從未做過證券簽證發行的工作，因此欠缺經驗。再者有關不動產鑑價、鑑定和放款品質評估等工作，是否有足夠人才足以勝任也必須注意。尤其是，未來信託法完成後，信託投資公司也可以承攬這項業務，對於信託投資公司放款品質優劣尤其無法確定，因為信託投資公司是自己做簽證，所以對抵押品評估是否能做公正的放款，需要公正機構的第三者作嚴格的放款評估，才能避免超高值或低估價的放款出現，而影響到投資者的權益。

## 四、不動產公交法

依據公平交易法的精神，廣告文字應儘量做到「童叟無欺」，不得有誤導或蓄意導引的動機。依據這項規範，今後的房屋銷售廣告，應把較抽象的形容詞減至最低程度。

　　買過預售屋的人普遍都有相同的經驗，翻開廣告，建設公司無不盡誇張之能事，使用各種華而不實的銷售字眼，「超增值」、「金店面」、「帝王般的尊貴」等等。一旦等到真正完工交屋之後，消費者才驀然發覺，這些動人的形容詞，都只是虛幻的泡影。

　　因此，對不肖房屋業者具有肅清作用的公交法，就被部份業界人士戲稱為陽宅市場的「戒嚴令」。

　　根據觀察，一般房屋業者慣用的銷售手法，極有可能違反公交法的部份包括：

(1)以不實貸款成數，招徠消費者：某些建築業者在促銷預售屋時，把銀行貸款和公司貸款混為一談，使購屋者誤以為貸款成數很高。

(2)製造不實的平面圖，及樣品屋：故意使消費者誤以為房屋面積很寬敞，有些業者在房屋平面圖上的比例動手腳，將家具尺寸縮小，或放大樣品屋的坪數等。

(3)妨害或降低屋主自售房屋機會：仲介人員擅自撕下私人張貼的售屋紙條，降低屋主自賣房屋的機會。這種行為極可能觸犯公交法，不得以脅迫、利誘或其它不正當的方法，使競爭者之交易相對人與自己交易之行為的規定。

(4)誇大公設景觀或設施的使用性：有些業者在促銷時，假借附近知名設施、景觀做為宣傳，如世貿、台大、敦南、中正等字眼，號稱鄰近這些地點，但實際上卻相距甚遠。

(5)假稱專任委託使屋主喪失機會：仲介員和賣方客戶簽的是一般性委託合約，卻口頭上告知對方是專任委託，且委託期限長達三個月或更久，使客戶減少與其他仲介公司接觸的機會。

　　公交法出籠後，以往在業界頗受人詬病只問「成敗」不計「手段」的銷售方法，將逐漸銷聲匿跡，「讓服務品質看得到」是購買房屋的一大保障。

# 主題二、買賣須知

## 一、購屋注意事項

1.原則：

　(1)確定購屋目的：

　　確認自己購屋的動機是住家或投資，以決定需要的房屋型態性質。

　(2)實地瞭解產品：

　　實地去瞭解產品之周遭環境，以藉所見之狀況，辨別售屋廣告的真假，更進一步了解室內之格局、建材、設備是否符合本身之需要。

2.內容：

　(1)新建宅第注意要件：

　　①建照：是否已核准登記或未核准，並視其建照號碼，以符合信用。

　　②地段：附近是否有鐵道、溪流？或單面臨路？進出是否方便。

　　③地勢：建地高低與路面的協調比例，是否會地區性積水的調查。

　　④環境：居住環境的品質觀察，爲單純住家社區，或風化區、賭博區等。

　　⑤規模：一次建築的戶數爲幾戶？是否形成管理不易，格調有無一致，住家是否吵雜？

　　⑥土地：合約書中是否載明持分。

　　⑦車位：車位的方位爲平面式、昇降式，產權是否登記？坪數多寡？

　　⑧公共設施：有無虛坪。

　　⑨坪數確查：確實坪數可防止售屋者或不良房屋公司虛灌坪數，以致造成買賣雙方紛爭。因此房屋坪數之確查是必要的，而坪數之計算方式如下：

(A)平方公尺與坪數的換數

1 平方公尺（ $m^2$ ）＝ 0.3025 坪

1 坪＝ 3.3058 $m^2$

(B)權狀坪數的計算

土地：基地面積×持分＝該戶持有之面積。

房屋：主建物面積＋附屬建物面積＋公共設施持分面積＝建物總
面積。

(C)公共設施面積，如未記載於權狀時，依交易習慣可用下列方式概
算：四、五層樓建築物主要建物面積的 10%÷戶數。十層樓以
上建築物為建物面積的 10%～ 20%÷戶數。

⑩漲幅空間：如所買的房屋漲幅已高，或房價高的離譜，最好考慮一
下漲幅空間，以免欲投資者，成為最後囤積者。

(2)已建宅第注意要件：

依民法七百六十五條之規定，所有權人雖然可以自由使用收益處分其
所有物，但如有下列情況，卻可能妨害購屋者對於房屋之使用。

①有租賃關係存在：

按民法四百二十六條規定：「出租人於租賃物交付後，縱將其所有
權讓與第三人，其租賃契約對於受讓人仍繼續存在。」因此若購買
到有租賃關係之房屋，依法購屋者，雖取得房屋之所有權，但不能
排除承租人，所以購屋前，應先查明是否有承租關係之存在。

②遭假扣押之房屋：

遭假扣押（查封）之房屋，通常房屋所有權人存有債務糾紛。致遭
受假扣押之房屋，其所有權人不得有處分之行為，因此如購買此等
房屋，須先查明屋主是否已撤銷假扣押，否則將無法順利取得所有
權。

③無權占有之房屋：

依民法七百六十五條，七百六十七條規定，所有權人得請求無權占
有人返還房屋，但若屋主無排除此妨礙事由，則買受人自行交涉取

回之可能性更低，因此發現房屋有「無權占有」情形，最好不要隨意購買。

④出售人與所有權：

房屋出售人與所有權狀上所載所有權人是否相符？如房屋出售人非所有權人，同時無授權書，此時出售人，即為無權處分人，而依民法一百一十八條之規定，此種行為須經所有權人之同意始生效力，否則此種行為無效，因此如出售人與所有權人名義不符時，須有授權書表明代理行為。

⑤產權調查的重要：

為明瞭欲購之房屋是否遭查封，及其抵押權設定負擔等情形，因此在簽訂買賣契約前，應先到地政機關領取房屋與土地登記謄本，以明瞭房屋的產權狀況。

⑥可貸款數額了解：

除非您不需要貸款，否則於購屋前先查詢可貸數額，以事先規劃資金調度，免得發生資金不足之現象。

## 二、售屋注意事項

1.原則：

每一售屋者，皆希望於最短期間內，以最合理之價位售出，但應該如何出售，方可達此希望，茲將其要點概述於下：

2.內容：

(1)房屋清潔：乾淨、明朗的房屋容易給人產生整齊舒適的感覺，也比較容易以合理的價位脫手。

(2)瞭解售價：房屋的定價取決於客觀因素，而非全憑自己之喜好來決定，而訂價太低，售出後可能會後悔，訂價太高，則拖延時日或許無法售出，然而如何得知合理之價位呢？一般而言有所謂之意願定價法，即以自己心目中預定出售的價位為主，另輔以探知之價位來決定售價。

(3)出售方式：分為自行出售與委託出售兩種，均應防範心懷不軌的人
　　並要注意是否錯過真正的買主。

## 三、房屋買賣稅費種類

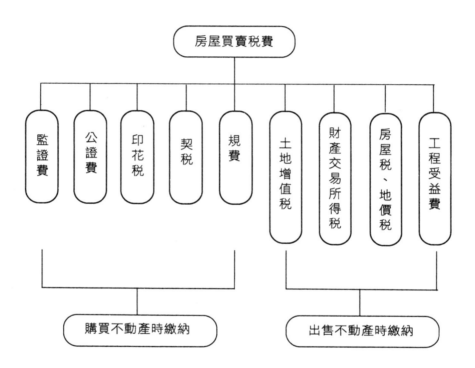

# 主題三、陽宅新貌

## 一、社區意識

　　所謂「社區意識」又稱爲「社區參與」，包括社區中硬體的設備規劃，與軟體的社區活動籌設，人們對美好居家環境的渴望與追求，始終沒有停歇。房屋市場有些都會區，會推出許多社區型住宅，標榜田園景致之美，強調整體社區規劃，吸引搶購熱潮。

　　開發一個理想的居住環境，從策劃、規劃、設計、施工到管理維護等一連串的工作，「開發社區」就像生孩子，但「管理維護」就像做家庭計劃，最後階段往往也是最重要的部分。沒有做好維護管理，建築物容易未老先衰，房屋的保值和增值就相形遞減。

　　然而，社區並非只是一羣建築物而已，居民的社區意識才是社區品質維護的原動力。

　　雖然桃花源記中的「土地平曠，屋舍儼然。有良田、美池、桑竹之屬，阡陌交通，雞犬相聞……」的鄰里情味，距離現代人已遙遠。然而，可喜的是，所謂「社區意識」已逐漸在不同地方，以不同形式萌芽生根。不管是自發性團體，或經業者規劃推動，也不論新社區或舊社區，華屋或平屋，社區參與的運動正方興未艾，他們是怎麼做到的，值得陽宅風水學理去深入探討。

　　例如台中近郊的理想國社區，基地位於台中縣市交界，屬台中近郊東海大學的大度山區，融合新舊社區，佔地約四十公頃，居民共二千餘戶。「社區更新」及「塑造鄰里互動的社區生活方式」軟硬體建設並進，已使此區成爲高級住宅區。

　　爲了注入新活力，社區管理部勞動許多居民參與活動，如「村慶」、「美化環境 DIY」等。更爲人稱道的是治安，由各區管理室、機動巡邏和監控中心共同完成治安巡邏。居民負擔的管理費內包括安裝保全連線，

「社區管理部」與住戶組成的「社區管理委員會」訂有合約，每年更換一次。

又例如：民生社區，早在二十幾年前，是政府利用美援貸款興修規劃而成的集合住宅區，異於其他地區，這裡有成九十度棋盤方格的巷道，防火巷寬大，區內沒有電線桿（有地下共同管線），公園綠地最多，因為這些得天獨厚的先天條件，凝聚較高的社區意識，近來居民的社區參與也頗為活躍。

八十年五月，由一羣主婦發起的自發性團體，舉辦母親節、端午節、中秋節等「愛在民生社區」系列活動，激起社區居民熱烈參與。八十一年三月，這個民間團體擴大成立「台北市社區資源交流協會」，希望藉由該社區居民的認同和參與，達到跨區合作及社區硬體的改善。

社區意識主要是舉辦社區活動，對兒童、婦女、青少年、老人的關懷而展開，硬體的建設包括認養街道樹、成立遊戲街、美化公園、綠地養護等。藉由居民自行改善，進而向政府反映改善，譬如活動中心的建立、學校和各式機構之設立，及巷道之改善。

## 二、造鎮計劃

民國八十一年由學術界人士組成，在汐止、七堵進行一項「自力造鎮」的計劃，藉山坡地地目變更，期使建立一個低於市價約三分之一、高品質的住宅社區，佔地約八十五甲。

此項「自力造鎮」計劃，為國內首舉以知識份子力量，主動凸顯國內當前土地政策之瑕疵。他們計劃以每人出資七百萬元「自力造屋」並建立一個約市價三分之一、強調住宅品質、生態兼顧的住宅環境。

此項國內首宗大規模「造鎮」計劃，完全依照生態規劃概念進行開發，並且不破壞水土地形，開發密度不及三成，也就是三百坪土地，建地、公共設施共佔一百四十坪，綠地則為一百五十坪。而社區內所有的公共設施，包括幼稚園、小學、加油站……，則依人口比例分配。

另外,「人車分離」、交通系統在完成購地、規劃、評估後,一切比政府法令或建商開發社區都還嚴格。

但是造鎮計劃,所應注意的問題,包括(1)山坡地變更的嚴謹與否。(2)資金募集的法令規定,與風險防範等等,都應有周全的考量。

## 三、高樓建築

現代的都市區,尤其是有大都會型態的台北、台中、高雄,高樓層建築的發展,是勢必有的走向,因為,土地取得太過昂貴、容積率又將開始實施,不往高處發展,讓土地獲得充分利用,幾乎是不可能的事。

而這種高樓層建築,以台中市為例,以往頂多只有十五層,八十年開始,不但大量增加,樓層也往上繼續爬高,像中港路上八十一年推出的「新聯合國」,就足足有二十八層高。

這種高樓建築,對周遭環境產生的影響已不容忽視,除了應對附近交通、強風日照等多項因素進行評估及對應措施之外,其優缺點分析如下:

(1)趨勢

有寬闊庭園的獨棟、雙併房子住起來當然舒服,但在土地有限的情況下,這類房子已是可遇不可求,若是想找個離市區近,環境又好的,只有往高處找了。

站在環境的觀點上,拉高,可以使享有的空間更開闊,即使是車水馬龍的市區,高層樓也一樣可有寧靜的周遭,不受污染的空氣,而樓一拔高,相對的也會在庭園造景,整體規劃上下工夫,這不但是今後建築物的主流,也是趨勢。

(2)防範:

一般容易起火的,除了木造房屋外,多半是一些營業場所。在目前,純住宅的高樓發生火災率根本微乎其微,原因一則是管道間都是封閉式,火苗不易竄沿,二則十樓以上的建築物,消防規定每一樓都要有灑水頭,十三樓還有水壓轉接站,消防設備規定得相當嚴,火災很不

容易發生。但是有的百貨公司使用的高樓建築，將防火梯拿來堆貨，或另外移作他用，這樣才真是麻煩。

此外，現在的許多高樓建築往往還有瓦斯偵測器，只要瓦斯味稍濃，便可經由樓下管理員的電腦查出，住戶們也不妨先訂定合約，約好只要有此情況，管理員可會同管理委員前往查看，以確保住戶安全。至於地震，目前高樓建築都使用耐震的純鋼骨造結構，使用這種鋼結構的建築物避震力大、韌性佳、施工期短，大約在二十層樓以上的高層建築，幾乎都必須使用鋼結構來支撐，以下則多由鋼骨鋼筋混凝土或鋼筋混凝土爲基礎，〔視地基強弱而定〕或者全由鋼結構組成，也就是許多建商所強調的「純鋼骨造」。唯一的缺點是品質較差的鋼料易生鏽，必需藉著油漆來防鏽，但保固卻比一般住宅來得安全，雖然高樓頂上搖撼力較大，但卻不容易倒塌裂開。

## 四、室內景觀

美國的一本書「爆米花報告」指出，目前人類第一個未來走向就是「繭居族（ Cocoons ）的誕生。

「當外在環境日趨險惡，人們心中應有一股回歸內在的驅動力，渴望尋找一個城堡，擺脫噪音、犯罪、工作壓力、愛滋病……」。

買不起高房價的新大樓、郊區別墅，這些「現代新隱士」打的如意算盤是，買老社區的中古屋，把房價的差額用來佈置室內，給自己一個安靜、舒適、溫馨的窩。這個殼在辦公室附近，一下班就回家，不必忍受塞車之苦，延長享受家庭生活的時間。

至於整個大環境品質如何，一般認爲反正不是個人力量掌握得了的，不如「自掃門前雪」，關起門來，屋裡一切都可由自己主宰。

「自求多福」式室內設計觀的抬頭，和現代人早出晚歸的生活型態關係密切。根本看不到或無暇欣賞大環境的青山綠水，住在郊區和住在市區沒有太大差別，又何必拿新台幣買這樣的「生活氣氛」？

　　但也有很多人認為，老式建築集結的住戶水準不一，與隔壁層樓的距離也近在咫尺，完全沒有距離上的安全感，這種情形下，即使自己的住家，裝潢得有如「壞學校中的好學生」，整體生活品質依舊無法改善。

　　現代人擇屋標準，由「敗絮其中」再轉為「金玉其內」的過程，除了背負高房價的夢魘之外，無福消受大自然的外在美，恐怕是「都會族」的另一種悲哀吧！

## 五、停車位問題

　　在公路法修正案規定，今後買車須自備停車位，此事已引起社會大眾廣泛關切。該法案是否會導致車位價格上漲，需視未來「供需」狀況而定，不見得「早買早好」。

　　由於大眾預期心理影響，將導致區域的停車位需求量增大，造成賣方市場有「惜售」心態，因此價格上漲不免會引起大家揣測。

　　但以另一個角度看，停車位是不可移動的，真正的需求，在於如何解決上班時的停車困擾，而不是在住家附近找個停車位，除非上班地點在辦公圈有其停車必要，價格比較可能上漲，至於其他地區停車問題，反而不是那麼嚴重。

　　況且，未來停車位也將適量增加，即使停車位價格真會上漲，而其所獲得的利益，也許比不上將錢投資在其他理財管道呢。

　　至於，如欲鼓勵民間興建停車場方面，可採行以下三個方式：(1)增加容積率(2)允許民間停車場自由競爭、自由收費(3)多蓋停車位。另外，公有停車位平時開放停車收費，一半自停、一半提供民間興建立體停車場。

　　此外，政府可採取地上權設定的方式，與民間共同合作開發停車場，而在取締地下室違規使用，或清除私人設置路障，如招牌、盆栽、自劃定黃線……等也應嚴格執行，增加停車空間。

## 六、蝸牛族翻身

房價愈來愈高，無殼蝸牛愈來愈沒有翻身的機會，所以如何「揀便宜」的房子，是蝸牛族必讀的，但所謂的「便宜」房子，並不是一律價格低廉，而應以在同等區域內，條件相當之宅第羣，其中有價格明顯低於行情甚多者屬之。

便宜而少瑕疵的房子，基本上是可遇不可求的，正因如此，平時的準備工夫便相當重要，否則極可能好房子與您擦身而過，都會失之交臂，以下便是判斷合理房價的簡單方式：

(一)蒐集專業性報導：

除了報紙上的房地產消息要注意外，市面上有關房地產的月刊、週報等媒體，數量亦相當可觀，這類刊物由於屬專業性雜誌，對於區域分析，及目前正在市場上銷售的預售屋個案市價（未必是成交價）的掌握度相當高，可作研判合理價位的參考。

(二)索取中古屋行情：

由於房屋仲介業競爭激烈，各公司為擴大戰果，增加業績，無不致力於提昇服務品質，以贏得消費者的信賴，尤其目前景氣衰竭，買方市場氣勢已經形成，有客戶自動上門索取成交行情，相信沒有一家仲介公司會拒絕，而成交紀錄上即可顯現出不同區域、不同屋齡、不同樓層之價格差異。

(三)法院拍賣的資訊：

在民國七十六年以前，標購法院拍賣之房屋，或土地的人相當有限，根本不夠資格稱之為一個市場，除因投標手續煩瑣、自成一格、外人不易介入等因素，主要仍在於法拍屋往往民事糾紛未了，法院只能「現況點交」，一般消費者多半不願購買。但自七十七年開始，房價較之七十六年漲幅更可觀，買賣轉手之價差驚人，甚至連國宅都有連轉七手的「輝煌」紀錄，於是通常價格低於行情一大截的法拍屋，便成為搶短線投機人的另一個炒作項目，由於當時後勢看漲，不少法拍屋的得標金額，竟

與市價相當接近，使得法拍市場，由原來只是爲了執行社會公義，使債權人獲得賠償的功能，竟搖身扮演疏解市場供需的角色，而儼然與預售、成屋市場鼎足而立。唯此好景維持一年便凋零，不論預售或成屋市場，景氣皆由高檔垂直滑落，法拍市場自不能例外，而未來由於經濟環境日壞，淪入法拍市場之案件勢必增加，價位難免每況愈下，但該價位可作爲所謂「便宜房子」的參考依據。

㈣房屋出售分類稿

刊登報紙分類廣告，幾乎是目前仲介公司，及個人出售成屋的主要方式，出於價格不真，用字遣句力求精簡，往往已大概點明地段、產品特性，如（房間數、坪數、採光……等）、總價款或自備款，只寫貸款金額的分類稿，由於無從判斷其總價，可以「視而不見」，其他寫明總價可按區分類，如遇到與自己心目中理想房子較爲接近者，不妨去電詢問，然後詳加紀綠，久而久之便能輕而易舉掌握價位。

最後有一點必須要特別提醒蝸牛族的——「便宜的房子最容易在產權及銀行貨款方面出問題。」因爲現階段缺錢者多半被毀約或房市套牢，爲求解套不惜「便宜售屋」，因此須持別注意，其產權是否抵押或設定。

# 第四篇　風水環境

──講座焦點──

　　陽宅風水除了注意自己宅第內吉凶之外，不可再存有「自掃門前雪」的觀念，更應重視大環境對我們的關係。

# 主題一、保護風水

　　前言：陽宅師在研究陽宅風水時，對於外在空間環境的各種變化，應付與相對的關心，二十世紀的陽宅風水，不是僅停留在空間吉凶，整體的全球環境，都與之休戚相關。防範污染、維持整潔的觀念，乃是人類對環境品質的要求。

　　但風水家爲了討飯吃，不得不在學問上著手，並喜歡裝神弄鬼，把各種很簡易單純的觀念，裝扮得詭異神秘的氣氛，這其實是「五術是迷信」原因中的一大障礙。

■古譚

1.防止污穢：

　(1)實物內容：

　　陽宅中污穢之物很多，如茅坑（糞廁）、灶座（古代視爲污穢之處）、廢水、臭水、枯木、磨坊、頹牆倒壁，破瓦裂屋等。

　(2)理論提出：

　　①文昌位：

　　　(A)《紫白洛書》：四綠所到之方叫文昌方，如污穢實物恰巧設在此方位，謂「污穢文昌」。

　　　(B)《金光斗臨經》：文昌不可安廁，主埋沒秀氣。

　　　(C)其他雜論：

　　　　A. 將星位不可置茅坑。

　　　　B. 宅局西北位屬乾卦天門，莫作坑。

　　　　C. 廁所五行屬金，金重貴氣不宜有所污穢。

2.防止陰暗：

　(1)實物內容：

　　陽宅中會造成陰暗不潔的，包括：地靈不潔、山頭高壓、陰寒溼氣，大樓緊逼，三陽不照，安神不慎等。

(2)理論提出：

《宋風水家廖金精》：「四山高壓宅居凶，人口少興隆，陰幽室塞號天牢，宅住決蕭條；三陽不照名陰極妖怪多藏匿。」等各家雜論也有人陸續發表。

3.防止凶氣：

(1)實物內容：此氣乃指四季節氣循環；代入方位九星理論，所遇到的凶方，會有凶氣流通，謂之凶氣，以玄空卦理論最著名。

(2)理論提出

①《陳念劬‧玄空輯要》：「凡宅內有里衖，不見日光者，作陰氣論。二黑或五黃加臨，主其家見鬼，即不逢此二者，亦不吉。」

②其他雜論：

「不離穢濁，五黃加臨則主瘟瘴，二黑飛到亦罹疾病。」

「陽宅旺方有樹木遮蔽，主不吉。」

「枯樹沖射，屋運衰時，陰卦主鬼，陽卦主神，陰陽互見，主妖怪。」

4.防止敗局

(1)實物內容：

敗局乃指屋形而言，斷垣頹壁及外形髒亂者謂之。

(2)理論提出

①《陽宅神搜經》：「破軍金形不堪論，人命破家決然真，前面更有凶砂至，徒刑癆瘵恐驚人。」

②《玉鏡》：「伶仃房，此舊屋多年不蓋瓦也，主血光之災，人口不旺，修補則吉。」

③《宅譜大成》：「問：露骨房？曰：舊房年損壞，立起不苫蓋，或疊牆不泥，致家門男女生瘡、風邪、心疼腹痛，男女遊走不利。」

## ■今論

由於時代的進步，社會結構的變遷，以往在陽宅風水中所提到的防止穢、陰、凶、敗等現象，已經演進到防止更精密嚴重的污染了，包括：

### 1.防制污水

國內河川污染極為嚴重，污染源主要來自工業、家庭、及畜牧，其中解決家庭污水，又得靠興建污水下水道，因此下水道建設進度落後，對於河川污染整治績效影響至鉅。

營建署說明，污水下水道都在地下，不容易看到施政績效，一般民選首長都不太願意把有限的建設經費，用到下水道建設上去，這是造成污水下水道建設，無法積極展開的緣由。

### 2.防制廢氣

我們常見在高屏、台南、及台北縣新店溪河畔，經常發現不法業者，及民眾燃燒廢電線、廢電纜、廢五金等，產生有害空氣污染物質。

為確保國人健康，環保署將運用夜間監視儀器，加強夜間稽查，只要一查獲有上述的污染行為時，立即移送法辦。

除了燃燒的廢氣之外，在后里地區舊社村民，也一致指責附近鄉市聯合垃圾場，飄出的沼氣令人聞後頭暈腦漲，有連走路都走不穩的感覺，村內一至八鄰的民眾除上述感覺外，又引發不少村民的皮膚病、肝病及肺部不適等病症，甚至有的人身上又出現紅色斑點，且奇癢無比，尤其是夜間更是難以成眠。

### 3.防制重金屬

台灣西南沿岸烏腳病患，每年仍有新增的個案，衛生署防疫處官員預估，要廿年後台灣地區才不再有新的烏腳病患。

日本關西大學八十一年曾派代表來台探查烏腳病情形，指稱該年一至三月台灣地區，共有五十六名新的烏腳病患，同時，該代表團對我國烏腳病患，必須採斷腳治療方式，認為致病原因，應不只是飲水含砷的問題，可能為其他重金屬所造成。

這些重金屬污染，以飲用深井水，以及家居附近電鍍廠違規使用氰化鈉，最有直接關係。

4.防制廢棄物

台灣農地的土壤生產力原本就不高，加上近二十年來，大量的工業污染和不當開發，使農地整體生產力，不斷下降，亟需進行全面性調查，以擬具因應對策。

調查指出，目前所知受重金屬污染的土壤，已有五萬公頃左右，但這個數據仍限於工廠四週，並未涵蓋因灌溉水，而間接受污染的面積，估計真正受重金屬污染的土壤面積，遠超過五萬公頃以上。

加上沿海土地不當利用造成的地層下陷，使土壤因海水倒灌，受鹽化的面積不斷加大，據調查，民國七十五年韋恩及艾貝颱風過境，引發的海水倒灌，共使近五千公頃的農田受到鹽化的破壞，損害程度十分驚人。

根據環保署委託中興顧問社的調查，被環保署列管有案的二千大企業所產生的事業廢棄物，幾乎佔了所有事業廢棄物量的七十％以上，尤其前一百大企業，所產生事業廢棄物更佔所有事業廢棄物總量六十％。

環保署選定優先稽查的二千大企業原則是：產生有害廢物的工廠、國營事業、一百家大民營製造業、養豬規模頭數一千頭以上豬場，及每天產生事業廢棄物四公噸以上企業。

5.防制輻射污染

日本流行病理學者指出，民眾過度暴露在超量的放射線中，除有致癌的危險外，經過長期的調查後也發現，受二格雷以上放射線照射的民眾，因心臟病而死亡的比例比一般人多出一‧四倍。

日本從一九四七年起就針對廣島、長崎附近受核子爆炸傷害民眾，展開長期而深入的調查，四十五年來獲取許多人類過去所不知道的知識，也讓人類進一步了解放射線對人體的影響。

根據研究指出，在核爆發生之後，由於大量放射線、熱射線、和爆風的影響，前四個月出現許多急性死亡的病例，據估計，截至一九四五

年十二月時，廣島長崎兩市因核爆的急性死亡人口，大約在二十萬人左右。

但在核爆發生二年到三年之後，因血癌而死亡的人數開始增加，並在數年之中達到高峯，血癌之外的其他癌症如甲狀腺瘤、乳癌、大腸癌、肺癌、胃癌、骨髓癌……等在第十年之後也開始增加，在四十五年後的今天，這個增加的傾向仍在持續者。

俄羅斯共和國聖彼得堡附近一個核電廠，在發生輻射氣體嚴重洩氣事件之後，一時使整個歐洲地區引起了恐慌。

人類最嚴重的一次核電廠災變，則是一九八六年蘇俄轍諾比電廠事件，雖然當時有三十一人死亡，但六年來仍無法證實，轍諾比事件放射線外洩後的其他影響。

而在經過轍諾堡核電廠事故之後，有如驚弓之鳥的整個歐洲，一聞列寧格勒電廠與轍諾堡同型的反應器又出事，全歐洲都響起了警鈴。

目前法國的研究機構，正有意推動一個跨國的輻射流行病理學調查計劃，企圖整合世界各國的樣本進行研究，相信不久的將來，人類對防制輻射污染，會有更深刻的瞭解。

# 主題二、風水新知

## 一、風水理論

　　前言：迄今，人類還常在懷疑陽宅風水是否真正存在？是否有效用？古代先哲的哲學核心，在很多方面，經證明與最新科技學術不謀而合，甚至超過而無不及，這是中國文化智慧之所在。

　　因爲陽宅風水學隨著科技的進步，其內容也不斷在充實，所以研究陽宅風水應方向正確，否則永遠也無法突破這門學科的。

　1.陰陽五行學

　(1)原則：

　　①陰陽相對：凡一事物必存在有一性質相反的事物。

　　②陰陽互生：陽生陰，陰生陽。陽增，陰減。陽中有陰，陰中有陽。

　　③陰陽平衡：陰陽變化，反覆循環相互作用，陰衰陽盛，陽衰陰盛。

　(2)內容：

　　①原子電性中和定律：

　　　　原子核內部帶正電諸質子間的排斥力，必伴生一大小相等，方向相反的束縛力，假設排斥力爲「陽」，束縛力必爲「陰」，以防止原子核崩潰。

　　②牛頓運動定律：

　　　　一物體不受外力作用下，保持原有運動狀態，則動者恆動，靜者恆靜。

　　　　兩物體間，對於任一作用力，必伴生一大小相等，方向相反的反作用力。作用力爲「陽」，反作用力爲「陰」。

③地氣冷暖氣團型態：

　　　　地球氣候四季變化，乃是受北極冷氣團與赤道暖氣團，兩者不斷交互作用產生不同的鋒面形成的，暖氣團為「陽」，冷氣團為「陰」。

④熱平衡定律：

　　　　兩不同溫度的系統直接接觸，熱量從高溫度系統中，不斷傳導至低溫度系統，最後兩系統溫度相同，則稱相互熱平衡，此特質為 A 系統獲得能量，B 系統失去能量，結合兩系統，總能量不變，但散發出的熱成為 $\alpha$、$\beta$ 射線。

⑤動量守恆定律：

　　　　兩物體所組成的系統，其碰撞前兩物體動量總和，等於其碰撞後兩物體的動量總和。

　　從以上的定律中，我們可以很明顯地看出來，中國陰陽五行的定義，其實是和西洋物理學理完全一致的，只是古代尚無明顯的數學邏輯表達方式，以致一直地讓人誤解而已。

　　吳大猷參觀北京正負電子對撞機實驗的理論，看到的 TAU 粒子質量物理數據計算，根本上也是陰陽五行理論的延伸與推論。

2.人體經絡學—生物磁學

　　大陸科學家經過將近二十年的潛心研究，目前已經確證經絡客觀存在於人和動植物體內。

　　中國科學院生物研究教授、北京針灸經絡研究中心主任祝總驤等人，從一九七三年開始，先後運用三種生物物理學方法測試並證明，人體確實存在著十四條經絡線。

　　中國現存最早的中醫學巨著《黃帝內經》認為，人體內由十四條經脈線和眾多的絡脈線組成的經絡系統，是主宰人體全身氣血運行、調節生命活動的信息反饋系統，是人體中層次最高的綜合系統，具「決生死、處百病」的作用。宋代著名醫學家《王惟一》把《黃帝內經》裡描述的十四條經絡線，刻畫在一個銅人的模型上，成為世界第一台針灸經絡學教

學、科研和臨床治病的模型。但由於經絡看不見、摸不著，且不能從人體裡剝離出來，因此，經絡到底存在與否？古人是如何找出這些經絡線等問題，遂成千古之謎。在研究中他們根據三種方法，測出人體確實存在著貫通全身的十四條經絡線，他們測試出的人體經絡線的位置，與中國古典經絡圖譜完全吻合。

### 3.原子粒子學—地理磁學

　　碳原子有好幾種同位素，有些是放射性元素，像「碳—14」就是一種半衰期長達五千七百年左右的同位素。在一九四七年爲《馬丁‧大衛‧卡門》所發現，將它派上科技用場的是美國化學家《維勒‧法蘭克‧索比》。

　　原來，宇宙射線不斷撞擊地球的大氣層，會將一些「氮—14」轉變成「碳—14」，舊的碳—14放射衰變後，又會有新的碳—14生成，其間的平衡，使得地球的大氣層永遠能保持少量的碳—14存在。有些碳—14會在植物進行光合作用時，以二氧化碳的形態被植物所吸收，有些碳—14則變成植物組織的一部分。

　　如果沒有光子，我們可就慘了。因爲大多數的植物要有光子才能生長，動物則要靠植物，或吃植物或吃其他動物來維生。如果地球所得到的來自太陽光的光子大量減少，那麼生物都會遭殃，有時會發生所謂「大絕滅（ Great Dying ）」的現象。六千五百萬年以前，地球白堊紀的末期，就很可能曾經出現過濃霧阻絕了陽光的情形。我們無法斷定那是由於一個小行星撞到地球，或是嚴重的火山爆發，或者是兩種原因都有，所造成的結果，但可以確定的是它造成了極大的損害，在當時可能已進化成智力甚高的動物如恐龍，就因此而滅絕了。

　　比光子還小的微中子（ ncutrino ），乍看似乎沒什麼用處，這種最小的粒子，是在質子轉變成中子時產生的，它的名字是著名的義大利物理學家《恩利柯‧費米》所取的，在義大利文裡的意思就是「中性的小粒子」。微中子真的是中性的，它幾乎可說不會和任何物質作用，從太

陽的核心形成後，就立即以光的速度離去，並以光的速度通過地球，甚至通過我們。

有的微中子會撞擊次原子粒子，這種情形可提供我們一些次原子粒子的訊息，微中子也很有用，因為它們是以超級新星所放出來的能量的形式顯現的，探測位在麥哲倫星團中的上一次超級新星所放出的微中子，可讓我們多了解一點這類星爆的奇觀。

綜合這些原子、粒子、光子、中子、微中子，就構成了我們的地理磁場。

4. 靜電作用

人體帶有靜電，靜電是物體所含正電荷與負電荷分離的結果，當分離的電荷駐留在絕緣體的導體或絕緣體上，即為靜電荷，流動時即為靜電。

在國中學物理或國小接觸自然時，應該對於「摩擦生電」印象深刻。冬天天氣乾燥時，脫毛衣時會聽到嗶嗶剝剝聲，或用塑膠墊板在腋下摩擦，就可以吸引小紙屑或頭髮，都是靜電。物體間摩擦將增加接觸面積、壓力及溫度，有助靜電的產生，電壓可以達到一伏特。

除了摩擦生電，導體接近帶電物體也會被「感應生電」，磁場強度到某種強度，可讓空氣離子化，飄浮的離子若沈積在非導體或絕緣之導體表面，則稱「電離生電」。

物體帶靜電本身無害，但物體放電時會造成不同的危害，火花放電是帶有強烈靜電時的放電現象，會產生強烈電流、眩目強光，並產生爆裂聲的快速放電。靜電會影響精密電子零件的功能，所以電子工廠作業員都戴特製護腕，將靜電接地，石油公司或石化廠的油罐車通常都以把長鐵鍊拖在地面，主要也是把靜電接地。

像化工廠輸送物料場所雖然嚴禁煙火，但粉塵摩擦累積靜電，如果突然放電，往往產生火花，就是火災或爆炸的「火源」，這也就是國外穀倉火災的「無名火」。

　　　　在陽宅風水學中指出，宅第空間與人類身體磁場，都有靜電場的存在。

## 5.木屋磁場

　　　　一項研究報告指出，居住在鋼筋混凝土造住宅的人，較會發生神經系統的疾病，在高層建築上層工作或生活者，較容易發生自律神經失調的症狀，而居住在公寓最上層的小孩，會比在獨門獨戶的小孩情緒不安定，這些均與地磁氣有關係。

　　　　木屋對磁氣吸收率較高，所以居住其間會有安定感，對於人體健康也有益，木材對於人體不足的磁氣，具有自然補足的機能，因此可促進自律神經的活動。醫學上難治療的症狀，如自律神經失調、手足以下發冷症、麻木、肩上肌肉僵硬、頭痛、腰痛、性慾減低等，均與磁氣有很大的關係，根據最近調查，磁氣變化與心臟病亦有關。

　　　　當地球磁氣被遮蔽或減弱時，人的身體會有變化，例如：長期在大油輪船底工作，會發生各種身體機能的混亂、中樞神經異常、白血球數異常、胃發生障礙等，但太強的磁氣也會造成健康的負面效應，吸收適度的磁氣是使人類生活舒適不可或缺的要素。就此觀點考慮時，則應避免居住在地磁氣較弱的鋼筋混凝土「RC」住宅內，被稱為高級公寓的RC住宅，雖可提供安全、隱私的保障，但不會給我們健康的保障，反而是一種不健康的住宅。

　　　　日本學者《中尾哲》在「木造住宅與RC住宅比較研究」中指出，木造房子較RC住宅適合居住，除溫度、濕度等各種居住性因子的評價較高之外，長期住在木造住宅的人的平均壽命亦高。

　　　　《王松永》博士在「健康自然的木質環境」研究報告中指出，地球的磁氣已減低三分之一，所以人類最好居住在能吸收較多磁氣的環境中，為達此目的，居住在木造房屋是相當適當的。

## 6.科技禪學

　　　　現代人由於工作忙碌，身心無時無刻地受壓力「摧殘」，因此修禪入定已成現代人解脫方式之一。歐美科技則利用電腦，模擬大自然聲光

訊號，讓人腦產生一種類似禪定時的腦波反應，以達到紓解身心壓力，強化心智的功效。

　　以科學上實證的腦部生理學爲出發點，由軟體將人類的大腦腦波迅速調整成波長介於四到七赫茲的 $\alpha$ 波和 $\beta$ 波，也就是人腦的最佳狀況，增強人的想像力和原始直覺。

　　要使用「禪功」時，消費者必須戴上眼罩和耳機，同時選擇自己需要的軟體。「禪功」可以提供十種聲光刺激，其中並包含雷雨、暴風、浪濤和蟋蟀等自然音響。

　　「禪功」開始啓動後，使用者馬上可以感受到有各種圖案和色彩印在臉龐，同時配合大自然的音籟，在聲光交替刺激下，不需多久即進入恍惚狀態。根據使用過的人表示，廿分鐘後，就會渾然忘我，有的人甚至表示會由大腦產生一股電流，由大腦蔓延全身。

　　發明「禪功」的業者表示，使用後之所以會「來電」，主要是大腦已產生一種「茵多酚激素」，傳遍全身，而此時也是全身最安定的狀態，和「入定」一般。

　　經過半小時的電腦禪定，相當於八個小時的「深度睡眠」，而人的生理時鐘藉此調整後，免疫系統功能會大大增進。根據加利福尼亞大學的實際測試，二十個學生在練過「電腦禪功」之後，在一百廿個小時內便可學得一千八百個保加利亞文，而這個時間是沒有練功者的三分之一。

　　北澤西醫療發展中心則表示，由於「禪功」的效果可以持續數日之久，藉控制大腦中的 $\alpha$ 、 $\beta$ 波，也可掌握人類對煙、酒和咖啡因的慾望，達到戒煙、戒酒和少喝咖啡的效果。

　　由於入定修禪已經由醫學界證實，係一種調整腦波的行爲，利用高科技輔助也可達到同樣目的。

　　兩年前受國科會委託研究「氣功」精神狀態的台大電機系，曾以科學儀器證實，武俠小說「寒冰拳」、「赤焰掌」確有其事，一度引起國內學術界相當重視。

　　　針對歐美科技禪最近日益普遍，各國利用電腦軟體來改變人類大腦腦波的技術，的確已達到某一成熟度。以日本為例，一、二年前即有廠商推出「冥想音樂」，和最近推出的「禪功軟體」，採用自然音響為背景，頗為類似。

　　　中國古代人士在入定修禪時，均喜歡至野外尋求僻靜之處，可能的原因是在這種場面下，比較容易集中精神。而「禪功軟體」所調整的腦電波回到七赫茲，實際上和人類進入夢境時的狀態互相符合。

7.未來陽宅風水研究核心報導

　⑴木屋、鋼筋水泥屋、金字塔形屋、一般方形建築屋、其他特殊建材屋
　　對人體感應的比較研究。

　⑵茅坑、抽水馬桶，及化糞池在不同方位下，對人體的影響。

　⑶日光燈、一般燈泡在不同方位下，對人體的影響。

　⑷雷射廚房、微波爐、電磁爐、瓦斯爐在不同方位下，對人體的影響。

　⑸冷氣機的冷氣、一般空氣在宅內的作用比較。

　⑹門、窗、與空氣對流的比較。

　⑺家中電器類產品的大小型比較。

　⑻電梯、樓梯在宅內不同方位的影響比較。

　⑼盆栽種類，與方位的比較。

　⑽宅內神靈安置問題研究。

　　　我們期望有朝一日，陽宅風水能真正結合科技、結合各學術專家，為人類提出更具體的貢獻。

## 二、風水科學

　　前言：地球上能源有限、物質有限，自然平衡能夠容忍破壞的程度也有限，人類能夠忍受污染的能力亦有限，一旦超過限度，人與環境均會同時崩潰，因此我們必須趕快認清空氣、流水、大地、森林、動物之間是相互依賴的。我們的生存環境包括氣圈、水圈、岩石圈、生物圈……等，構成地球整體，就像身體上各個器官，彼此的影響密不可分，我們要保護這

個生態平衡，不要任意的破壞它，大自然需要耗費數萬年才能實現的，人類在幾個世代就完成了，我們改變環境風水以適應自己，但是也要注意不要破壞大自然。

1.太陽系的主宰

　(1)性質：

　　　①太陽是太陽系的主宰，它的質量是地球的三十萬倍，以其龐大的引力帶著地球及其他行星、衛星和小行星等在銀河系中運行。

　　　②太陽和地球不同，沒有固體的外殼，而是一團高熱的氣體，其組成以氫氣和氦氣爲主。

　(2)活動：

　　「氫的核融合反應」

　　　①當太陽中心處有四個氫原子核，融合成一個氦原子核時，質量會較原來減輕 0.6％，這叫質虧，減少的質量會變成極大的能量放出。

　　　②依據《愛因斯坦》的公式：$E = mc^2$（ E 是能量、 m 是質量、 c 是光速 ），此公式表示「能量就是由物質轉換而來的」。而 1 公克質虧所放出的能量，由計算可求得：

$$E = 1 \times （ 3 \times 10^{10} ）^2 \text{ 耳格}$$
$$= 9 \times 10^{13} \text{ 焦耳}$$
$$= 2.153 \times 10^{10} \text{ 千卡，}$$

　　這些能量相當於約 2150 公噸的汽油燃燒時所放出的熱量。

　　　③太陽每秒鐘約消耗 400 萬噸質量的物質，以轉換成能量。

　(3)能量：

　　這種能量傳到攝氏 6000 度的表面，就以光和熱的形式輻射到太空中，其中只有一小部分被地球吸收，這些能量卻是成爲地球上大氣運動、生物生存和其地表地質作用的原動力。

(4)影響：

　　①太陽發光、發熱雖已維持很久，但其表面卻非一成不變的，而是時
　　　時在進行著各種活動，這些活動會干擾地球上的無線電通訊，也可
　　　能對地球的氣候有所影響。

　　②黑子

　　　太陽表面有許多溫度較低的斑點出現，叫做黑子，其數目以 11 年
　　　為週期而增減。令人驚奇的是，這個 11 年的週期數，卻與星相理
　　　論的循環週期數相同。

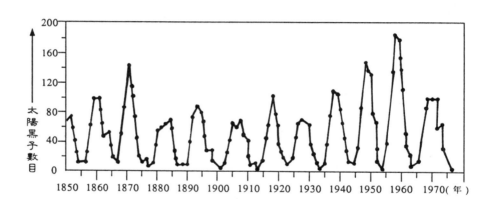

　　③日珥

　　　太陽表面也時常有熾熱的物質噴發出來，稱為日珥。

2.黃道十二宮與命造星座

　(1)黃道

　　地球在公轉時，太陽在星座間就好像也相對的在移動，這條軌跡稱為
　　黃道。

　(2)黃道十二宮

　　①黃道上的星座共有十二個，如下圖所示，所以稱為黃道十二宮。例
　　　如三月二十一日時，由地球看來，太陽移動到雙魚座的前方，所以
　　　春分時，我們就說太陽是在黃道的雙魚宮內。

　　②黃道十二宮是代表一年中，由地球上看太陽在天上運行到的星座。

(3)命造星座

一般市面上以星相算命的書中，日期和對應的宮名，與目前十二宮對
應日期並不同，相書上的宮比實際上的超前。例如：春分為雙魚座，
而相書上是白羊座，這是因為相書上所根據的是三千年前巴比倫人的
星象觀測，目前春分點已向西移動到雙魚宮內。

| 星座名稱 | 相書上的日期 | 目前實際日期 |
|---|---|---|
| 水瓶宮（寶瓶座） | 1/20 ～ 2/18 | 2/21 ～ 3/15 |
| 南魚宮（雙魚座） | 2/19 ～ 3/20 | 3/16 ～ 4/18 |
| 牡羊宮（白羊座） | 3/21 ～ 4/19 | 4/19 ～ 5/15 |
| 金牛宮（金牛座） | 4/20 ～ 5/20 | 5/16 ～ 6/20 |
| 雙子星宮（雙子座） | 5/21 ～ 6/21 | 6/21 ～ 7/23 |
| 巨蟹宮（巨蟹座） | 6/22 ～ 7/22 | 7/24 ～ 8/10 |
| 獅子宮（獅子座） | 7/23 ～ 8/22 | 8/11 ～ 9/13 |
| 少女宮（室女座） | 8/23 ～ 9/22 | 9/14 ～ 10/26 |
| 天秤宮（天秤座） | 9/23 ～ 10/22 | 10/27 ～ 11/19 |
| 天蠍宮（天蠍座） | 10/23 ～ 11/21 | 11/20 ～ 12/16 |
| 射手宮（人馬座） | 11/22 ～ 12/21 | 12/17 ～ 1/22 |
| 山羊宮（摩羯座） | 12/22 ～ 1/19 | 1/23 ～ 2/20 |

(4)關係圖示

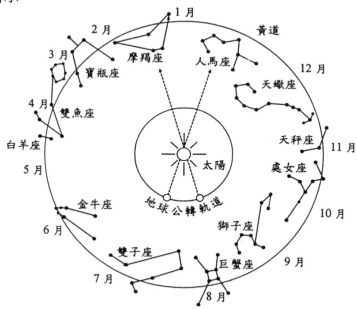

## 3.地球公轉軌道與節氣的關係

### (1)設定

　　古代中國人以節氣代表地球在公轉軌道上運行的位置，全年地球在公轉軌道上運行一周三百六十度，共設二十四個節氣，即每十五度設一個節氣，兩個節氣之間平均差約十五天。民國八十一年節氣的安排如圖。

### (2)應用

　　看看民國81年9月8日的日曆，其中：

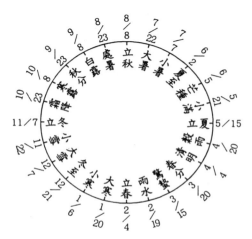

①陽曆部分是 1992 年 9 月 8 日。

②農曆部分是──陰曆：8 月 12 日。
　　　　　　　└─節氣：白露。

A. 此日的月相爲滿月過後，月相的判斷主要根據陰曆。

B. 在中國，「白露」這兩個字即是二十四節氣之一，和陽曆的 9 月 8 日代表同一意義，即地球在繞太陽公轉的軌道上的位置。

C. 節氣是建立在陽曆的基礎上，因此農曆又稱爲陰陽合曆。

## 4.溫室效應

(1)意義：

指全球平均溫度持續上升之現象與假設。許多科學家認爲，如果各國政府未能及時因應，全球平均溫度可能在廿一世紀中葉之前，上升華氏二至九度。但另一派科學家則認爲，這種現象並不會發生。

(2)原因：

大氣中含有過多「溫室氣體」所致，其中包括電廠、工廠、車輛所排放的二氧化碳，以及天然油井與草食性動物排泄物排放的沼氣（甲烷）等。

(3)關係：

①樹木可以吸收二氧化碳進行光合作用，藉以生根，成長。如此，樹木可以清除大氣中所含的大量溫室氣體。一旦林木遭到全面砍伐或破壞，全球平均氣溫很可能隨之上升。

②熱能自然累積在大氣層之謂，地球表面可以直接吸收太陽光產生的熱能，並將隨之產生的紅外線能量反射至太空，但在穿透大氣層之前即被溫室氣體阻隔，導致全球溫度上升，不致過於寒冷，使萬物得以在地球表面生生不息。問題是，人類亦在追求工業化的過程

中，不斷將大量二氧化碳排放至大氣之中，致使全球氣溫上升之勢更加明顯、快速，唯此一因果關係尚未獲得充分證實。

(4)影響：

如果全球平均氣溫持續上升，後代子孫必須面對威力更強大的暴風雨，更頻繁的旱澇之災，迥異以往的農業型態，並失去許多野生動物棲息地。另一方面，後代子孫亦可能藉此擁有新的農耕地區，全球降雨型態更可能為之改觀，使現有的某些沙漠地區擁有更多的降雨量。

(5)因應：

節約能源，並種植大量林木。

(6)法令：

八十一年五月經過全球高峯談判後，各國外交人員終於就「聯合國氣候變化問題公約」的內容達成協議，為這項旨在防止全球氣溫上升的條約，提交地球高峯會簽署奠下基礎，但因美國施壓，公約中並未硬性規定工業國家須在公元兩千年時，將污染地球，引起溫室效應氣體的排放量，減至一九九〇年的水平。

這項公約是由一百四十三國的代表，經過年餘激烈爭論始告定案，主要內容是，各國承諾對其二氧化碳等，引發溫室效應氣體的排放量，加以評估並提出報告，以期將此類氣體的排放量，減少到一九九〇年的水平。

5.地下水的誤用

(1)地球上的水絕大部分是含鹽的海水，可飲用的淡水十分珍貴，除了兩極冰冠外，地下水成為淡水的最大來源。

(2)地下水流動緩慢，許多深井汲取的水來自三十年、五十年甚至數萬年以前的降雨。如果抽用過度，將會導致地層下陷、海水倒灌的惡果。

(3)地下水經過砂岩過濾特別潔淨，一旦在進水區受到污染，也很難恢復原狀。

6.優養化

　　　　含氮、磷的污水及化學肥料流入河川、湖泊造成藻類過度繁殖，而使原來的生態大幅地改觀，這種過程稱為「優養化」，會使水體缺氧或加速淤積而死亡。

　　例如：中橫公路上的德基水庫，由於上游林地開發的人為污染，水質逐
　　　　　　漸惡化，正面臨優養化的惡運。

7.酸雨

　　　　工業廢氣進入空中，和水滴結合成飽含硫酸的酸雨，將會摧殘整片森林，讓湖泊死亡。

　　例如：日本一研究機構的調查報告顯示，中國大陸長江沿岸的火力發電
　　　　　　廠，所釋放出來的二氧化硫，乃是造成日本酸雨量增加的元兇。

　　　　這份由日本電力廠總研究組，所提出的報告指出，經四年的調查分析，每年計有六十萬噸的硫化物，經由風及雨水灑在日本本土上，其中經由境內汽、機車及工廠釋出的廢氣，及煤煙含硫量，約在四十四萬噸左右，而有高度的證據顯示，由大陸飄來的二氧化硫，是造成近年日本酸雨增多的原因。

# 第五篇　風水時事

──講座焦點──

以睿智的眼光，犀利的觀念，智慧的判斷，看看一些日常發生在周遭的軼聞，你會感受到，那些是對的，那些是錯的。

# 主題一：吉利名號

很多人有下列習慣，咸認為會出運：

1. 改一個好名字。
2. 在醫院寧願多等幾個小時，掛一個吉利號碼，求趕快痊癒。看病或開刀時，總得擇一吉利日子，以免因日子不好，犯凶神惡煞，使病情加重，結果一拖再拖，形成反效果。
3. 寧願花鉅款，買一塊吉利號碼的車牌，如「8」（發）「6」（吉）等。
4. 其他對剖腹生產擇時、日，印相開運等的執著。

## ■古譚

1. 聯合報報導：戶政員勾結算命師，企業化經營生意。

　　調查局台中市調查站破獲的改名收受規費案，昨天又有四名嫌犯被移送台中地檢署偵辦，全案共七人涉及，有問題的改名案件五百多件。

　　據瞭解，調查局台中市調查站根據民眾檢舉，在台北縣板橋市忠孝路為人算命的謝某，自七十九年初起，平日藉為人算命機會，以姓名筆劃不吉利，五行相剋為詞，假藉神意勸人改名，並予包辦，每人收費五萬元，為順利改名，與戶政人員共謀，以姓名條例所規定，命名文字字義粗俗不雅理由准予改名，改名以後，其中一萬元給戶政人員，台中市警察局戶政課僱員三人被移送台中地檢署收押偵辦。

　　據悉，經辦員曾、廖是謝某的徒弟，謝某為了包辦案件能順利改名，找曾幫忙，所有要改名案件，均將戶籍遷入，大力推展改名業務。

　　據瞭解，謝某自七十九年初起包辦的改名案件，有問題的多達五百多件，曾、阮等人所各承辦的各有一百多件，他們收受的規費各達一百多萬元。

　　謝某爲人改名，並製作「呈疏天庭改名申文」，聲稱奏禀玉皇大帝，上達天庭。

2. 聯合報報導：病患最怕「三長兩短」，台大醫院「問卷調查」——掛好號，看醫生。

　　到大型醫院看病經常要面對「三長兩短」之苦，台大醫院爲提升門診醫療服務品質，而進行的自我評估及問卷調查顯示，百分之四十三的病人，不計算等候掛號及領藥時間，單是等候就醫就超過一個小時，且有百分之十三的病人早上七時以前就到醫院排隊掛號，所獲得的平均看診時間不過七分鐘。

　　所謂「三長兩短」，指的是病人赴大型醫療機構就醫，「等候掛號時間長」、「等候就醫（或門診）時間長」、「等候領藥時間長」，「醫師看診時間短」、「病人爲之氣短」。

　　台大醫院由企劃室主任韓揆策劃，在今年二月十七日至廿二日，對門診病人及家屬發出一萬二千七百四十五份問卷，回收三千四百四十一份加以統計分析，該院企劃室也統計去年四月至今年三月，該院各科門診看診時間以供對照。

　　問卷調查結果顯示，在台大醫院門診的病人，來自台北市、縣的佔百分之七十九，其餘百分之廿一來自其他縣市，顯見台大病人中有五分之一強是需要風塵僕僕趕路的。而選擇台大就醫的原因，依序是「慕醫師名氣」、「慕醫院名氣」、「交通方便」、「勞農保開藥限制少」等。有的甚至輪到他時，因爲號碼不吉利，病房房號不吉利，或因爲開刀日子不祥等原因，故意把機會給後面的人，而延誤自己看病時機。

3. 聯合報報導：名不副實。

　　自從十幾廿年前流行起所謂姓名學之後，迄今相信這一套的仍然大有人在，認爲姓名的筆劃和五行，和命運有關。

　　許多人爲了替孩子取個好名字，找人算筆劃，更有人認爲自己的名字筆劃不好，花錢請人改名字。不久前還爆發戶政人員和專門替人改名者勾結情事，並傳出改名竟然還要「上奏天庭」的鮮事。

基隆市有兩名國小學生為了一探吉名究竟管不管用，以報上遭橫禍或作姦犯科者的名字為研究對象，赫然發現筆劃吉利者佔九成。

顯然，有個主吉利的名字，並不一定吉利。姓名學之說，不信最好，起碼不可盡信。

## ■今論

1. 自由時報報導：姓名學、吉利數、擇日、合婚、剖腹產，吉凶論未必準，順應自然法則，事事平安順利。

日前發生板橋謝姓算命仙和台中戶政課職員勾結不法改名案，此案顯示中國人對姓名的講究，台灣省陽宅教育協會理事長周建男指出，姓名學是從日本傳過來，僅是人類求好心切的一種產物，取名只要順口，叫起來響亮即是好名字。

板橋市一名謝姓命相師，假借神意製作「呈疏天庭改名申文」，佯稱奏稟玉皇大帝，上達天庭，並與台中戶政課職員勾結改名。由此一例案發覺到目前的台灣社會，很重視命理吉凶，卻也流傳著不少似是而非的觀念，像「姓名學」、「吉利數」、「擇日」、「合婚」、「剖腹產」等，這些看似學問很高，玄機極深的理論，省陽宅教育協會理事長周建男卻持不同看法，並就這些理論予以分析如下：

(1)姓名學：

姓名學是日本人想出來的理論，人的名字分天地人三格。以姓名筆劃相加的數目來論斷吉凶，而每一個筆劃數字都代表著吉利或不吉利。

數字吉利與否，已有一規格標準，可是卻沒有人知道為何此數字是吉利，這種說不出所以然的理論，在講求科學的現代社會，較難令人信服。況且人出生時辰由宇宙磁場及流年節氣安排，名字卻可由後

天控制，若依星相理論來看，名字只是人類的符號，並不能影響命運。

　　基隆市有兩名國小學生，為探姓名學的堂奧，將報紙上刊登的作姦犯科及慘遭橫禍者之姓名拿來作研究，赫然發現有九成的人是筆劃吉利數者。此外，國民黨要員中的名字，像李登輝（卅四劃、凶）、林洋港（廿八劃、凶）、蘇南成（卅四劃、凶）、陳履安（卅四劃、凶）等人，姓名筆劃雖不吉，卻仕途平順，官運亨通，而八十年華航貨機失事，駕駛員謝又昌（廿五劃、吉）、朱正吉（十七劃、吉）、黃君燦（卅五劃、吉）、羅正喜（卅七劃、吉）、金治平（廿一劃、吉），由此可知，姓名學的吉凶似乎不太能左右一個人的命運，在此可看出一些眉目。

　　姓名學究竟有無意義？周建男認為僅有教育意義而已，像有人本命不愛讀書，父母為他取個「為文、博文」的名字來警惕、激勵他。而如果要取名字，只要掌握叫得順口、響亮即可，要響亮只要名字的最後一字取一聲的輕音，或重音的四聲，就能唸起來鏗鏘有力，例如：娟、義、莉就比傑、平、玲來得響亮。

(2)吉利數：

　　人類求好求美的心理使然，舉凡電話號碼、車牌號、門號、座號、候選人號次，都要選吉利之數，其實這只是心理安慰作用而已，與個人流運吉凶是扯不上關係的，若要說有關係，只能說吉利數感覺很好，心情愉快且充滿自信，做事就較能成功順利。

(3)擇日：

　　中國人無論婚喪喜慶都要擇日，若有人選「壞日」辦喜宴，是否也會有賓客較少的情形？而這種怪現象延續數千年，也無非心理安慰，因為人類命運好壞，要依個人命盤而定，平常農民曆上的吉凶日是籠統的，起不了什麼作用，否則儘管人人挑好日子結婚，為何離婚怨偶仍那麼多？

(4)合婚：

　　　　相差幾歲或配何生肖，目前是很多未婚男女擇偶的條件之一，或父母同意與否的認定標準，其實男女姻緣應是「命、歲、運」合參，並配合社會因素，環境心態等，才能論斷婚姻的成敗，既然合婚工程浩大，因素又那麼多，就不應以年歲爲主的「男女婚配吉凶對照表」而妄下斷語。

(5)剖腹產：

　　　　目前流行剖腹產，而命理中也說人類命運脫離不了生辰的決定支配，因此以手術促其吉時出生，以當時天象論，可得較佳之命造。

　　　　其實順應天道自然法則，才有自然的驗證力，人爲的操縱，會失去平衡，且剖腹生的胎兒個體不一定十分成熟，發展可能也要打折扣。

　　　　周建男也強調，人類的遺傳數據密碼是由四柱（即年、月、日、時）的結合推演，如只根據其中一柱的推算，例如：合婚、擇日、擇時等，就認爲能得到驗證力，那就會失去準確度。

2.姓名、商店字劃吉凶數表，本身吉凶認定也無標準的根據。

## 姓名、商店字劃吉凶數

| | | |
|---|---|---|
| 一　畫　繁榮發達，信用得固，<br>　　　萬人仰望，可獲成功。（吉） | 二八畫　魚臨旱地，難逃惡運，<br>　　　　此數大凶，不如更名。（凶） | 五五畫　外觀隆昌，內隱禍患，<br>　　　　克服難關，開出泰運。（吉帶凶） |
| 二　畫　動搖不安，一榮一枯，<br>　　　一盛一衰，勞而無功。（凶） | 二九畫　如龍得雲，青雲直上，<br>　　　　智謀奮進，才略奏功。（吉） | 五六畫　事與願違，終難成功，<br>　　　　欲速不達，有始無終。（凶） |
| 三　畫　立身出世，有貴人助，<br>　　　天賜吉祥，四海名揚。（吉） | 三十畫　吉凶各半，得失相伴，<br>　　　　投機取巧，如賭一樣。（吉帶凶） | 五七畫　雖有困難，時來運轉，<br>　　　　曠野枯草，春來花開。（凶帶吉） |
| 四　畫　日被雲遮，苦難折磨，<br>　　　非有毅力，難望成功。（凶） | 三一畫　此數大吉，名利雙收，<br>　　　　漸次向上，大業成就。（吉） | 五八畫　半凶半吉，浮吉多端，<br>　　　　始凶終吉，能保成功。（凶帶吉） |
| 五　畫　陰陽和合，精神愉快，<br>　　　榮譽達利，一門興隆。（吉） | 三二畫　池中之龍，風雲際會，<br>　　　　一躍上天，成功可望。（吉） | 五九畫　遇事猶疑，難望成事，<br>　　　　大刀闊斧，始可有成。（凶） |
| 六　畫　萬寶集門，天降幸運，<br>　　　立志奮發，得成大功。（吉） | 三三畫　意氣用事，人和必失，<br>　　　　如能慎始，必可昌隆。（吉） | 六十畫　黑暗無吉，心迷意亂，<br>　　　　出爾反爾，難定方針。（凶） |
| 七　畫　精力旺盛，頭腦明敏，<br>　　　排除萬難，必獲成功。（吉） | 三四畫　災難不絕，難望成功，<br>　　　　此數大凶，不如更名。（凶） | 六一畫　雲遮半月，內隱風波，<br>　　　　應自謹慎，始保平安。（吉帶凶） |
| 八　畫　努力發達，貫徹志望，<br>　　　不忘進退，可期成功。（吉） | 三五畫　處事嚴謹，進退保守，<br>　　　　學智兼具，成就非凡。（吉） | 六二畫　煩悶懊惱，事業難展，<br>　　　　自防災禍，始免困境。（凶） |
| 九　畫　雖抱奇才，有才無命，<br>　　　獨營無力，財利難望。（凶） | 三六畫　波瀾重疊，常陷窮困，<br>　　　　動不如靜，有才無命。（凶） | 六三畫　萬物化育，繁榮之象，<br>　　　　專心一意，必能成功。（吉） |
| 十　畫　烏雲遮月，暗淡無光，<br>　　　空費心力，徒勞無功。（凶） | 三七畫　逢凶化吉，吉人天相，<br>　　　　以德取眾，必成大功。（吉） | 六四畫　見異思遷，十九不成，<br>　　　　徒勞無功，不如更名。（凶） |
| 十一畫　草木逢春，枝葉沾露，<br>　　　　穩健著實，必得人望。（吉） | 三八畫　名雖可得，利則難獲，<br>　　　　藝界發展，可望成功。（凶帶吉） | 六五畫　吉運自來，能享盛名，<br>　　　　把握機會，必獲成功。（吉） |
| 十二畫　薄弱無力，孤立無援，<br>　　　　外祥內苦，謀事難成。（凶） | 三九畫　雲開見月，雖有勞碌，<br>　　　　光明坦途，指日可期。（吉） | 六六畫　黑夜漫長，進退維谷，<br>　　　　內外不和，信用缺乏。（凶） |
| 十三畫　天賦吉運，能得人望，<br>　　　　善用智慧，必獲成功。（吉） | 四十畫　一盛一衰，浮沉不定，<br>　　　　知難而退，自獲天佑。（吉帶凶） | 六七畫　獨營事業，事事如意，<br>　　　　功成名就，富貴自來。（吉） |
| 十四畫　忍得苦難，必有後福，<br>　　　　是成是敗，惟靠堅毅。（凶） | 四一畫　天賦吉運，德望兼備，<br>　　　　繼續努力，前途無限。（吉） | 六八畫　思慮周詳，計劃力行，<br>　　　　不失先機，可望成功。（吉） |
| 十五畫　謙恭做事，外得人和，<br>　　　　大事成就，一門興隆。（吉） | 四二畫　事業不專，十九不成，<br>　　　　專心經營，可望成功。（吉帶凶） | 六九畫　動搖不安，常陷逆境，<br>　　　　不得時運，難得利潤。（凶） |
| 十六畫　能獲眾望，成就大業，<br>　　　　名利雙收，盟主四方。（吉） | 四三畫　雨夜之花，外祥內苦，<br>　　　　忍耐自重，轉凶為吉。（吉帶凶） | 七十畫　慘淡經營，難免貧困，<br>　　　　此數不吉，最好改名。（凶） |
| 十七畫　排除萬難，有貴人助，<br>　　　　把握時機，可得成功。（吉） | 四四畫　雖用心計，事難遂願，<br>　　　　貪功冒進，必招失敗。（凶） | 七一畫　吉凶參半，惟賴勇氣，<br>　　　　貫徹力行，始可成功。（吉帶凶） |
| 十八畫　經商做事，順利昌隆，<br>　　　　如能慎始，百事亨通。（吉） | 四五畫　楊柳遇春，綠葉發枝，<br>　　　　沖破難關，一舉成名。（吉） | 七二畫　利害混集，凶多吉少，<br>　　　　得而復失，難以安順。（凶） |
| 十九畫　成功雖早，慎防虧空，<br>　　　　內外不和，障礙重重。（凶） | 四六畫　坎坷不平，艱難重重，<br>　　　　若無耐心，難望有成。（凶） | 七三畫　安樂自來，自然吉祥，<br>　　　　力行不懈，必能成功。（吉） |
| 二十畫　智高志大，歷盡艱難，<br>　　　　焦心憂勞，進退兩難。（凶） | 四七畫　有貴人助，可成大業，<br>　　　　雖遇不幸，浮沉不大。（吉） | 七四畫　利不及費，坐食山空，<br>　　　　如無智謀，難望成功。（凶） |
| 二一畫　先歷困苦，後得幸福，<br>　　　　霜雪梅花，春來怒放。（吉） | 四八畫　美花豐實，鶴立雞群，<br>　　　　名利俱全，繁榮富貴。（吉） | 七五畫　吉年帶凶，欲速不達，<br>　　　　進不如守，可保安祥。（吉帶凶） |
| 二二畫　秋草逢霜，懷才不遇，<br>　　　　憂愁怨苦，事不如意。（凶） | 四九畫　遇吉則吉，遇凶則凶，<br>　　　　惟靠謹慎，逢凶化吉。（凶） | 七六畫　此數大凶，破產之象，<br>　　　　宜速改名，以避厄運。（凶） |
| 二三畫　旭日昇天，名顯四方，<br>　　　　漸次進展，終成大業。（吉） | 五十畫　吉凶互見，一成一敗，<br>　　　　凶中有吉，吉中有凶。（吉帶凶） | 七七畫　先苦後甘，先甘後苦，<br>　　　　如能守成，不致失敗。（吉帶凶） |
| 二四畫　錦繡前程，須靠自力，<br>　　　　多用智謀，能奏大功。（吉） | 五一畫　一盛一衰，浮沉不常，<br>　　　　自重自處，可保平安。（吉帶凶） | 七八畫　有得有失，華而不實，<br>　　　　須防劫財，始保安順。（吉帶凶） |
| 二五畫　天時地利，只欠人和，<br>　　　　講信修睦，即可成功。（吉） | 五二畫　草木逢春，雨過天晴，<br>　　　　渡過難關，即要成功。（吉） | 七九畫　如走夜路，前途無光，<br>　　　　希望无大，勞而無功。（凶） |
| 二六畫　波瀾起伏，千變萬化，<br>　　　　凌駕萬難，必可成功。（凶帶吉） | 五三畫　盛衰參半，外祥內苦，<br>　　　　先吉後凶，先凶後吉。（吉帶凶） | 八十畫　得而復失，枉費心機，<br>　　　　守成無貪，可保安穩。（吉帶凶） |
| 二七畫　一成一敗，一盛一衰，<br>　　　　惟靠謹慎，可守成功。（吉帶凶） | 五四畫　雖傾全力，難望成功，<br>　　　　此數大凶，最好改名。（凶） | 八一畫　最極之數，還本歸元，<br>　　　　能得繁榮，發達成功。（吉） |

# 主題二：火災火神

火災頻繁，一般認為：

1. 與火神有關係，如一個地區每年常發生火災，就應請神把火神押往河邊釋放澆熄。
2. 愈燒愈旺，有人認為常火災的地方地靈旺盛。
3. 與政府機關前面格局有關，例如台中市政府前面廣場，因噴水池改做花圃，有人就認為五行缺水，所以八十年就火災頻繁。

## ■古譚

1. 聯合報報導：驅趕祝融，請法師乩童作法。

　　彰化縣溪湖鎮消費市場附近商業區四天前發生大火，居民為了避免祝融再度肆虐，前天晚上盛大舉行趕火神祭祀活動，一番祭拜後「法師」把火神「趕入」舊濁水溪內，希望以水神制住火神。

　　溪湖鎮平和街商業區於上週五凌晨突傳火警，燒毀七間商店，估計損失五百多萬元。有人相信在三天內祭拜，把火神趕入河裡，以後附近就不會再發生火災了，因此，經居民提議發動募款，並於前晚祭拜趕火神。

　　居民請來「法師」及「乩童」，在災後現場作法，附近居民則擺設水果等祭品祭拜。只見「法師」及「乩童」口中念念有詞，並跳了起來，經一番祭祀及作法後，一輛開導車沿二溪路勸導住戶把燈火熄滅，以免火神潛入，「法師」等人隨後步行二公里，把火神「請」入溪湖橋的舊濁水溪內，歷經三個小時才大功告成，完成趕火神的儀式。

　　溪湖鎮公所民政課長施家和說，居民這樣做，是否能把火神真的趕走，今後不再發生火災，並無科學依據，但民眾有這種習俗他也不便制

止，希望民眾小心火燭，加強防火觀念，才是制止火災發生的根本辦法。

2.台北之夜（58期）報導：太子樓偉人居一把火成廢墟。

民國六十四年四月四日深夜時分，雷電大作，風雨交加，全國軍民愛戴的先總統　蔣公突然與世長辭，舉國哀悼，十七年後的同一天，也就在　蔣公逝世十七週年前夕，　蔣公生前最常與夫人蔣宋美齡駐蹕行館之一的桃園縣復興鄉　蔣公復興行館，竟然發生了一場大火，由於行館火警時與　蔣公崩逝前的徵兆如出一轍！雷電風雨交加，而且行館火警發生的時間也與　蔣公十七年前崩逝的時間僅相差一個小時，諸多的巧合，引人冥思！

雷電風雨之夜突然起火，蔣公復興行館付之一炬。

八十一年四月三日晚上十時五十分許，代管先總統　蔣公復興行館的復興山莊莊主羅正龍，在安排住宿山莊的學生們工作就緒後，循例巡視了山莊的水電、瓦斯等，確定關閉了瓦斯、關熄了電燈，正鬆了一口氣欲下山時，突然看到先總統　蔣公復興行館的屋頂失火，羅莊主立即折返山莊，疏散住宿的學生，並一邊緊急聯合加入救火行列，一邊火速通知消防隊救援。

復興山莊莊主羅正龍指出：當時他發現起火點是在　蔣公行館內西北上方，當年任職行政院長的蔣故總統經國先生的浴室二樓屋簷冒出火光，由於火警時風勢往東南方向吹，加上行館結構保持日本式木屋建築風貌，都是易燃物，火勢迅速竄延，一發不可收拾，未幾，整座行館大火沖天，陷入一片火海之中。

羅莊主與學生們在消防隊趕來之前，先行搶救毗鄰行館的山莊內物品以及利用山莊內的十幾具滅火器搶救，但是由於火勢猛烈，根本無法接近火場，不久，消防隊出動了桃園、大溪、龍潭及龜山等地的消防車十六輛，警消、義消九十餘人陸續分批趕到，緊急展開全面灌救，經過四個半小時之久，到翌日凌晨三時卅分許，始控制火勢，但是整座行館已付之一炬，成為一座廢墟，餘火一直到清晨

五時才告撲滅，但四月五日清晨四時及及中午十二時，又兩度出現餘火，都被撲滅。

遭燒燬的復興鄉　蔣公行館，內有先總統　蔣公生前留下的珍貴遺物及　蔣公與夫人蔣宋美齡的書房，臥室、客廳、小型會議室，以及蔣故總統經國先生的房間，侍衛官的寢室，佈置得十分簡單而雅緻，都在大火中被焚燒殆盡。復興山莊莊主羅正龍表示：如果以市價衡量，行館火警的財物損失不大，但是，以行館緬懷追思　蔣公精神及行館結構的古蹟風貌而論，則是無價之寶，不是用金錢可以衡量的。據表示：代管蔣公復興行館的救國團桃園團委會為行館投保了四百萬元火險。

徵兆如同當年崩逝翻版，舉國遺憾痛失無價之寶。

據附近商家、居民們描述：　蔣公復興行館火警時的徵兆，猶如十七年前　蔣公崩逝徵兆的「翻版」；雷聲隆隆、閃電大作，風雨交加，驟雨傾盆而下，雨勢之大為復興鄉歷年來所罕見，猛烈的雨勢幾乎打穿屋頂，不久，就傳出行館發生火警，而且一剎那間大火熊熊！

由於復興行館的大火恰巧發生在　蔣公逝世十七週年前夕的敏感時刻，因此引起各界的揣測，眾說紛紜，普受重視，總統府派了兩名侍衛官，桃園團管區司令李銘藤、警備總部、憲兵司令部、憲兵調查組及某軍方情治單位人員，都先後趕到現場，了解真正的火警原因。

蔣公復興行館火警，經由刑事局、中央警官學校消防系、桃園縣警局刑警隊、消防隊及大溪分局等五個單位聯合組成專案小組，鑑定檢視調查後指出：火警發生前，行館及山莊的瓦斯，自來水管線確定都已關閉，而且沒有發現煙幕等情形，所以人為的抽煙疏忽及瓦斯意外引起火警的可能性大為降低。根據調查：雖然火警前廿分鐘，復興山莊已熄燈，但是並沒有切掉電源總開關，換句話說，電燈熄滅，但是電源仍是流通狀態，加上火警前雷電交加及火警現場找到的電線等來研判：電線走火或遭雷擊引起火警的可能性很高。

鑑定認為不是人為縱火，疑係電線走火或遭雷擊。

據可考的資料指出：先總統 蔣公復興行館的前身是日本大正天皇關建給昭和太子居住的，因此有「太子樓」之稱。早在日據時代，大正天皇巡視到復興鄉，被充滿原始森林的氣息，優美風景和湖光山色的週遭天然景觀所吸引，甚為喜歡，因此，特地興建了這座建築，也就是被燒燬的復興行館，火警前，行館的建築結構都是一直延續保持原有的風貌，復興鄉長陳祥乾表示：復興行館建館迄今至少有七十年以上的歷史。

復興行館建地七十坪，包括周圍的梅園腹地共有八百坪大，行館的構造建材：屋頂瓦片是全省「絕無僅有」自日本引進的龍麟瓦片砌成，龍麟瓦下覆鋪的也是從日本引進，具有隔熱、排水功能且油性的羊毛杉，建物的樑柱、屋簷，結構體等，都是由具有油性的紅檜木搭建而成。由於上述的建材等都是易燃物，因此在大火中很快化為灰燼。

本為日皇建作太子居第，台灣光復闢為蔣公行館。

日本戰敗，台灣光復初期，角板山鄉公所成立（現今的復興鄉公所），曾以行館暫作為辦公之用。民國卅九年間，先總統蔣公視察復興鄉時，發現該棟「太子樓」四週環境景觀，神似浙江省奉化縣溪口鎮的故鄉，風景優美，清靜幽雅，因此才由政府接管該棟「太子樓」，並改名為復興行館。而角板山鄉公所也在這時遷出，並於民國四十三年間改名為復興鄉公所。

民國六十四年四月五日，先總統 蔣公崩逝，翌年元旦，復興行館對外開放供民眾參觀瞻仰緬懷，當年總統府有關單位曾有意把復興行館交由鄉公所維護，但當時的鄉長王明進（已逝）以鄉公所財源不足，管理維護不易而不敢貿然接收，才由救國團團委會接管，救國團團委會為便於管理，在行館的旁邊興建了復興山莊。

復興行館正門右邊為先總統 蔣公及蔣夫人宋美齡的書房、小型會議室、臥室、浴室等，左邊為蔣故總統經國先生的書房、臥室及侍衛官的寢室等，經救國團接管後，將侍衛官部分的寢室變更為大通舖，提供給大專院校學生等住宿。

### 蔣公賓館火災現場圖

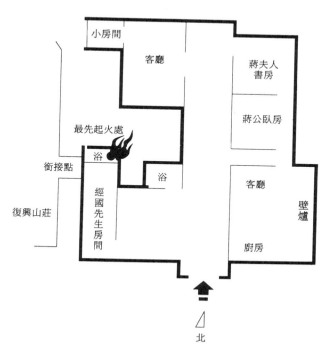

（大門偏北，與八十一年四月節氣應驗有關）

　　土生土長的前復興鄉公所建設課長王景成以他曾在「復興行館」辦公及他的住所毗鄰行館就近之便，不時有幸的與　蔣公及夫人「不期而遇」，他深以常睹偉人的豐采而感榮幸。王景成回憶說：　蔣公與夫人「忙裡偷閒」到復興行館一住，至少在三、四天左右，最多也曾達住上數月的紀錄，蔣公及夫人住在行館時，每天早晚兩次出館，在行館週邊的梅園等地散步，有時也會到街上親切的與鄉民們寒暄，有時深入小烏來風景區或山地部落等探查當地的民情，王景成和　蔣公接觸的機會不少，因而會有感而發的撰寫了一篇「蔣公在復興」的文章。

　　　有復興行館才有復興鄉，緬懷偉人鄉民切盼重建。

　　先總統　蔣公復興行館的失火，引起以　蔣公駐蹕復興行館而感到驕傲與榮幸的復興鄉民們的哀傷，復興鄉長陳祥乾表示：復興行館與復興鄉是「一體」的，有復興行館才有復興鄉，所以，復興行館是全體鄉

民的精神支柱，具有深遠的意義與歷史價值，如今行館失火，是全體鄉民最感難過的事。陳鄉長代表全鄉鄉民建議上級單位儘速照行館舊貌的模式重建，一來緬懷追思　蔣公，二來帶動復興鄉的觀光事業邁向「第二春」。

■今論

1. 自由時報報導：火災的發生，與房屋方位、節氣變化關係重大。利用祭祀風俗，趕不走火神。

　　彰化縣溪湖鎮平和街二百七十八～二百九十號，三月初發生大火，居民竟然在當地舉行趕火神的祭祀活動，這是風俗觀念的作祟，其實宅第會不會應驗火災，台灣省陽宅教育協會理事長周建男，早在年初就提醒向西北、東南向的房子，應注意防火，更在二月二十九日「三月份運勢預卜欄」中特別又強調一次，而溪湖鎮的大火及三月五日台中市進化北路、大雅路口「皇家貴族」名店的大火，都是宅向西北，由此可證陽宅學是一門非常切合實用的求證科學。

　　台灣省陽宅教育協會理事長周建男分析，到底火災的發生為什麼會符合宅向呢？主要是方位及節氣的關係，中國哲理中把四季的運轉分成節與氣，每月份又各自有地支作為代表，例如立春節則為雨水氣，農曆正月地支則建寅，三月為清明節則為穀雨氣，農曆三月地支則建辰，這種節氣的關係，在古代史記就談到：「冬至短極，懸土炭。」指在天平兩端懸焦炭和土，在冬天時，若測得焦炭較重，則可能即將下雨。俗諺：「月暈而風，礎潤而雨。」是說月亮周圍若有一圈光環，表示快要刮大風了，柱子下的礎石，如果有水珠凝結，就是快要下雨的前兆。目前可利用人造衛星，對古代的經驗法則加以學理印證，例如人造衛星在三萬六千公里的高度運行，因與地球自轉速度相同，故亦稱地球同步氣象衛星，藉此可對各種天氣現象加以追蹤。這種每月、每日的天氣現象，形成氣壓的高低，與宅第的方向配合，就構成了陽宅學的節氣理念，所以火災在陽宅上的發生，是具有某生物射線的某人，住在某位向的房子，在某年度進入某節氣，就自然形成或為冷鋒，或為暖鋒，或為

滯留鋒，或為囚錮鋒，在宅內外交界處逗留，這種不協調的氣團與鋒面，遇上特殊易燃物，電器品或微疵的插座等，就易引燃，形成火災。

周建男也強調陽宅空間方位的重要性，陽宅的中心點就是磁力中心，假如把正方形房間改造成兩個長方形房間，那麼它的磁力中心就分成兩個，各自分移到兩個長方形的中央，情形與把一條磁鐵一分為二，其南北極也有改變似的，陽宅學術就是根據磁力中心在何位，再訂出數字，再根據這些數字輪分八方，以定吉凶，那麼這些數字，就是等於在磁力中心點向四面八方發出的磁力線。又所謂巒頭理氣，也就是說外邊的環境，如某些地方高或某些地方低，是否足以把磁力線改變，因而陽宅學特別重視內外環境的變化。人在某個風水上認為不理想的地方安床，認為足以引致某種疾病，是否就因為此處具有對人體產生不良影響的磁力線，一個人在睡眠的時候，新陳代謝較慢，呼吸較慢，抵抗力也較弱，是否在這時最會受到磁力線的影響，這種影響將會因此而引致內分泌的不平衡，如某種內分泌較多，某種內分泌稍少，當然是會引發某類的疾病。如癌症，是不治之症，但卻是與細菌無關，也不會傳染的一種疾病，它是一種細胞畸變之症，在星相學理論中，是屬於生物數據遺傳的錯誤，使得細胞原是欲形成某種東西的，卻變作了另一種東西，所以藥石才無效，除了生物數據遺傳的錯誤之外，內分泌的錯誤也是一種主因，這二種錯誤，都是與磁力線的影響有關，如果這方面能藉助陽宅的方位與節氣理論，說不定會使人對「人類的生物數據」加深了認識，從而瞭解「人類密碼」為什麼會出錯，和知道應如何去糾正，那麼一些絕症或許好醫治些。

節氣與方位的理論大致相同，方位是陽宅內部的磁力線應用，節氣是房子附近的氣團和鋒面對房子磁力線的反射作用，二者都與地理大磁場有關，有目前，有不少知識份子，有建築師、醫師等對中國的陽宅風水漸感興趣，更有人在默默地鑽研，相信這門學術會抬頭興起，也絕不是一般不學無術者所能抹黑的。

2.台北之夜（ 58 期）報導：復興行館，愈燒愈發？民間傳說，蔣家後起
　有人。

　　　先總統　蔣公位於桃園縣復興鄉的行館在今年清明節當天發生火
災，內部一些文物典藏都付之一炬，除起火原因引起外界猜測外，
一把火也重新燃起民眾對蔣家的好奇，民間有一種傳說叫「愈燒愈
旺」，蔣公的後裔是否會因此而興旺起來？蔣緯國、蔣孝勇乃至章
孝嚴、章孝慈是否會受到庇佑？本刊特從風水命理的角度觀點來爲
讀者探討解說。

　　　　　天火焚館引起外界揣測，愈燒愈旺民眾關心蔣家。

　　　寧靜的復興行館在　蔣公逝世十七週年紀念日前夕發生大火，由於
發生的時刻相當敏感，使得外界對失火的原因有許多揣測、存疑，到底
這把火與　蔣公風水好壞有沒有關係？台灣省陽宅教育協會理事長周建
男經過實地勘察鑑定後，提出說明如下：

　　　火災之所以會發生，與行館的宅向有關，行館的宅向是西北偏北，
與今年年初預卜宅向流運時所提出的理論符合，因爲節氣與宅向的關
係，到了今年的節氣，應驗西北或東南宅向者，容易發生火災，　蔣公
復興行館偏向火災宅第的立向，當然就易發生火災了。

　　　周建男指出火災發生在陽宅上，是具有某生物射線的某一個人，住
在某立向的房子，在某年進入某節氣，就自然形成「冷鋒」、「暖
鋒」、「滯留鋒」或「囚錮鋒」，在宅第內外交界處逗留，這種不協調
的氣團與鋒面，遇上特殊易燃物、電器品或微有瑕疵的插座等，就容易
引燃而釀成火災。

　　　　　燒發燒發蔣家後起有人，風水絕佳應可庇蔭子孫。

　　　先總統　蔣公在中國歷史上是一位叱咤風雲的人物，他在世時，蔣
家的地位如日中天，他的兒子蔣經國繼承父志，從行政院長到總統。到
經國先生去世，就有人在猜測蔣家後人會不會再崛起又在政壇發展？這
個話題隨經國先生的兒子孝文、孝武的過世而漸歇，可是蔣緯國將軍會
不會再出馬角逐總統或副總統，卻仍是很多人追逐的話題。

今年四月四日　蔣公復興行館突然起火燃燒，中國人說「愈燒愈旺，愈燒愈發」，蔣家後代子孫是否將受到這把火的庇佑而有所轉機呢？是蔣緯國將軍或蔣孝勇會受到庇佑？還是至今尚未認祖歸宗的章孝嚴、孝慈兄弟？關於這種「愈燒愈旺」的傳說，省陽宅教育協會理事長周建男認為復興行館的一把火，對蔣家後代子孫不會有任何影響。

周建男表示，先總統　蔣公生前酷愛風景幽美的地方，全省行館中，較有名的有復興行館、慈湖陵寢、西子灣行館、澄清湖賓館、天池達觀亭等。這些賓館、行館，風水都是絕佳，不但山龍一絡形勢雄猛，更如猛虎山林，張牙舞爪，凜然攝人耳目，如蛟龍入海，翻騰起伏，指爪畢現、鱗甲豎立，皆為優秀的龍穴砂水，符合大風水地。這些風水地興建宅第，對居住者有很好的庇蔭作用，　蔣公生前住在這些地方，對他個人的仕途確有好的影響。

如今　蔣公已過世十七年了，各地的行館大多開放供人參觀，行館裡面只作為典藏文物之用，後代子孫並沒有在此地居住，即沒有空間感應作用，陽宅風水好，卻只庇蔭住在其間的人，蔣家子孫都沒有住在那裡面，就不可能受到此處風水的影響。發生火災以後，外界傳說「愈燒愈旺」，這種風俗傳言，其實並沒有根據，因為幾番查驗都無法印證這種說法，那麼為什麼會有這種傳說呢？可能是旁人對發生火災的當事人說一些吉利話，予以安慰吧，實際上發生火災對運勢並沒有任何影響。

3.中國時報報導：趕走火神，人力物力不能少。

對台中市民而言，火神似乎特別眷顧這個中部都會中心，火災頻仍，高居全國之冠，台中市被喻之為「火城」，實非浪得虛名。然，也正因為攸關市民生命財產之保障與維護，亦成為市政建設中不容忽視的一環。

就台中市整個大環境的發展來看，未來受到捷運系統、北二高速公路的網路，以及重劃區規劃興建完成等因素的影響，台中市人口成長遽增指日可待，消防安全相形之下愈顯重要。

不過，台中市現存的許多問題及瓶頸，若沒有適當與明快的解決，要想降低市民因火災所遭致的損失，並不容易。例如：舊市區房舍過度密集飽和，街道狹小，人口過度集中，木造屋又特別多，經常造成救火困難。

其次，許多商業大樓的消防安全觀念及設施，令人不得不捏把冷汗，防空避難用的地下室，經常被變更用途，經營酒店、KTV等特種行業，各樓層被大型看板遮閉，甚至封死，防火巷道則被用來堆積貨物，完全行不通。

前年發生的遠東百貨綜合大樓火災，應可視為商業大樓違規使用的縮影，因為大型招牌將大樓外壁均封死，導致大量濃煙無處宣洩，不斷悶燒，加上易燃物品的推波助瀾，火勢一發難以收拾。

而遠東百貨外牆用的招牌，採用的是不易破壞的材質，使消防人員搶救困難倍增，從徹夜到天明，消防隊動用所有的人力和車輛，才勉強將火勢控制並撲滅，整棟綜合大樓卻已是滿目瘡痍，形同廢墟。

這次火災，估計財物損失達億元以上，不僅震驚全國，地方父母官市長林柏榕更確切表示，在其任內，絕不讓綜合大樓再度恢復營業；事實上，綜合大樓經各相關人員及專家會勘，證實是結構已有嚴重問題的危樓。

事過境遷，遠東百貨經過重建，又恢復昔日風采，美輪美奐的外觀，沖淡曾經兩度大火所給人的印象。綜合大樓雖未能獲准使用，但一樓及騎樓的買賣風潮仍不減當年，生機似未中止。

存在於市中心的木造房屋，毋庸置疑，是市政建設中最刺眼的阻礙，既不能輕易拆除，又往往是最容易因火災釀成災害的一羣，偏偏卻散居在最不容易搶救的巷道或死角，火勢一起，總是相連竄燒，鮮能倖免。

市區街道過於狹小，是造成無法適時降低火災損失的因素之一。這些狹小的街道，平日不僅是車輛擁擠的瓶頸，臨到有火警發生，消防車想快也快不了，甚至無法進出，延誤救火，並非毫無根由。

　　反觀重劃區，由於有完善的道路規劃，雖然仍有不少木造屋存在，特種營業亦不少，但分佈平均，不像市區過度集中，遇有火災發生，不致擴大延燒，災情自然能夠降低，但要改變舊市區型態環境，似不可能。

　　諷刺的是，台中市既以「火城」著稱，證明她確實需要更多的人力和車輛投入救援工作。然而，台中市消防隊現有的車輛，包括各式大小消防車只有七十四輛，警消只有一四九人，距離理想仍相差一大截。

　　一般相信，台中市消防車及警消人員應該而且必須增加，車輛功能也必須跟得上現實需要，不能只靠徒具形式的宣導，就想達到防火效果，主管單位不能再故步自封，跟不上台中市的進步。

# 主題三：競渡平安

1.划龍舟、吃粽子是否意味著風調雨順？龍舟下水是否得開光點睛？

2.一般神像供奉時，是否均要開光點眼？

3.民間一些普渡、搶孤、廟祭等儀式，是否能祈求平安？

■古譚

1.自由時報報導：龍王祭，求競渡平安。

　　第十五屆全國民俗才藝活動項目之一的省主席盃龍舟競賽，昨在福鹿溪畔舉行龍舟點睛下水典禮，由省主席連戰、彰化縣長周清玉等人為龍舟開光點睛，龍舟隨後下水繞江，場面壯觀。這項龍舟賽將在六月三日至五日舉行。

　　將提供競賽用的六艘龍舟，首先停靠在鹿港天后宮前廣場，昨日上午九時，天后宮迎請龍王尊神及水仙尊神，在天后宮廣場前舉行龍王祭，祈求龍舟競渡期間順利平安。隨後六艘龍舟被搬上推車，分由聖神廟輔班會、青商會、彰縣早泳隊、鹿港工商婦女聯誼會、太極拳協會、晨光慢跑協會護持推運繞街，沿鹿港中山路、三民路、福興沿海路，將龍舟停靠在福興龍舟路鹿港證券廣場。

　　龍舟點睛儀式在上午十一時舉行，點睛儀式後，經焚化金箔、奏樂等典禮程序，龍舟下水繞江，操舟人員再度在江面拋撒金箔，祈求龍舟下水平安，簡單隆重的龍舟點睛下水典禮才告完成。

　　民間祭祀類別有：

　　(1)普渡：

　　　　在廟壇中央懸鏡一面，寫「盂蘭盆會」，或掛三官大帝像，前方置上下兩層神桌，上桌放置斗燈三個，下桌設神像位、香爐。斗燈是在米斗內盛白米，上插古劍、小秤、剪刀、刀、紙傘，並放

置古鏡及點油燈，作爲避邪消災納福之用，壇前爲一列桌子，往往長達數丈，以供牲醴、菜碗、看牲（用雞鴨、豬肉、豬腳及麵粉爲材料，做成飛禽走獸水族之類，或古裝人物、歷史故事）。廟前左右兩側，排置紙人，左側是騎獅的山神，右側爲騎虎的土地公，拜亭中站立鬼貌吐舌的大士像，其側設金山銀山。

(2)搶孤：

乃在廟普結束的最後時刻，以鑼鼓爲信號，鑼鼓一響，大家爭先恐後地搶祭拜的各種祭品，如米、米粉、豬肝、雞鴨等，現場一片混亂；場内最多的三面紅旗也要搶，稱爲「搶旗」。俗信此旗有保護海上平安的功用，旗幟可以賣出相當好的價錢，同時搶到的人亦被認爲有福氣。

(3)廟祭：

在廟前搭蓋祭壇，聘請僧道誦經爲孤魂「化食」。由於孤魂眾多，恐祭品不敷供應，乃以誦經方式，求其一化十，十化百，百化千等方式，謂之「普施」，並爲孤魂誦經「放焰口」，其意指孤魂野鬼犯罪，欲吃食，但因口中吐火而不能下咽，誦經放焰口就是替他們消除口中之火，更求普施之意。

■今論

1.自由時報報導：禍福吉凶，由方位、節氣斷定。

　　近來屢有社會案件的主角，因受神壇影響而做出錯事，或有違倫常之事，如何不被假神壇迷惑，省陽宅教育協會理事長周建男指出，防杜之道應從本身「正信」開始，必須了解人類禍福吉凶，主要從節氣及方位斷定。

　　台灣地區神壇林立，已到五步一家的地步，這種「怪象」的主要原因，即是家庭神壇設立方便，很多人又對宗教信仰虔誠，才會讓一些不肖之徒，假宗教之名，從事詐騙之行爲。對於這種情況，省陽宅教育協會理事長周建男認爲其來有自，而追溯原因可從兩方面來談：

　　第一點，主要是因中國是「朝拜」民族：在神佛方面，從釋迦牟尼、觀世音菩薩，一直拜到十八羅漢、孚佑帝君；在神話方面從盤古、九天玄女一直拜到哪吒、孫悟空；祖先神靈方面，從神農大帝、開漳聖王一直拜到各氏祖先、王爺公、萬應公；在偉人方面，從先聖孔子、老子拜到功德主朱文公；在無機物方面，從天（玉皇大帝）、地（福德正神），一直拜到山（三山國王）、海（四海龍王）、水（水德星君）、火（火德星君）；在動物方面，十二生肖幾乎拜完；在庶物方面，從門（門神）、床（床母），一直拜到井（井公），舉凡世間可供膜拜之物都已拜盡。

　　第二點，法師道士未有正式專業教育及規範所致：台灣流行的作法術者，可分爲道士、法師、靈媒、術士、符法師等，祈求平安祭煞的謂之道士；驅邪治病、調兵遣將的稱之法師；作亡靈媒介的叫靈媒；以陰陽五行推知人事的謂之術士；畫符唸咒的稱之符法師。這羣法師道士，因爲自古以來沒有正式教育談及這類行爲規範，素質難免就參差不齊。

　　究竟什麼才是正確認識之道？省陽宅教育協會理事長周建男說，人類禍福吉凶，主要是從節氣及方位來斷定。節氣表現在植物方面最常見的就是果實的成熟受氣候的感應，而表現在陽宅居住方面，最常見的就是開門的方向與破土修造吉凶的應驗，如宅第今年開門的方向朝西、西南者易遭火災，而今年的北方也不宜破土修造，這些都是節氣的作用。

　　至於表現在星相術數方面的就是星化特徵，如八十年是文昌化忌年，文昌化忌星對人類即產生巨大影響，導致契約、文書等事宜皆有不順，對文人更是不利。

　　正確的宗教信仰可帶來人類社會的淨化，相對地一味地誤信也會造成社會污染，了解節氣和方位、術數、星化之關係後，清者自清，信者自信，無法讓人接受的言論，自然就會不存在了。

2.民眾日報報導：神棍招搖撞騙，術數遭抹黑。前者不學無術，後者博大精深，兩者不能混為一談。

最近的社會新聞，常有神棍騙人的消息，甚至有神棍藉合體治病誆人騙身，實在令人厭惡；而且星相術數專家也認為，神棍與傳統中國術數，實在沾不上半點關係。

研究中國術數多年的省陽宅教育協會理事長周建男就特別強調，目前很多人把神棍招搖撞騙之事，都拉扯到術數身上，實在有欠公平，尤其鑽研術數與奉拜神祇，完全是兩回事。

周建男指出，真正的神靈之學，叫做靈魂學，它是探討靈魂奧秘的一門深奧學科，是神聖且嚴肅的，而術數之學所相信的，是萬物都必有一個軌跡，而一個人的命運，也必有一個「定數」可追尋；硬把神棍騙人之事，算在中國術數之帳，使術數蒙污，實在是太多人對術數認識不清所致。

舉例而言，醫生原是一門清高的職業，但也有不少的庸醫和不學無術的密醫，這些「醫生」誤了人命，人們絕不能一股腦兒的把它列入所有醫生的帳；不說醫生，即使在這個社會的任何一個行業，也經常會出現不學無術的敗類，但我們卻不能一竿子打翻一條船。

此外，周建男特別舉術數中的堪輿為例，他說，堪輿師在行業競爭中，往往會有些人不擇手段，時下也常受人譏評，但這是行業競爭，與術數無關；他並指出目前堪輿師所以引起社會評議的幾個弊端：

(1)改造困難：陰宅（俗稱墳墓）改造困難，有時介入家族壓力。

(2)私心作祟：不少堪輿師評估若純粹點地尋穴，實在不合經濟利益，只好同流合污。

(3)名穴難覓：真正穴場非大造化者無福消受。

(4)行業勾結：喪葬繁文縟節很多，風俗習慣龐雜，地理師為了因應社會，需與各有關行業掛勾，如擇日、誦經、棺木等，難免人在江湖，身不由己。

(5)吹噓效果：人人偏愛名穴，真正穴場供不應求，只好信口雌黃，胡亂吹噓，壞了名家本色。

(6)葬地炒作：公墓用地缺乏，商人與地理師聯手炒作墓地：如公墓公園、納骨塔等又預售圖利，儼如投資公司，有何風水穴地可言。

周建男分析說，其實中國的術數，與其他各門各科的學問一般，是不容易學得精通的；他特別呼籲學習術數的民眾，應依正規的法則去學習，如此才能造福社會。

否則，一旦急功好利，不耐煩依循正規的法則去學習，結果就陷入不擇手段，而這戕害術數的人就淪為神棍誑人了。

# 主題四：胎神禁忌

一般習俗上認為：

1. 懷孕的少婦如果妄動胎神，會導致輕則胎兒有記號，重者胎兒會流產，夭折。
2. 床母、胎神、地基主都會影響幼兒健康，有這回事？

## ■古譚

**聯合報報導：當胎神碰到喜神。**

大姑結婚時，我初懷老二，好友告訴我，要我在婚禮當天，避開新娘子，以免喜沖喜，對我不利。她一向迷信怪力亂神，所以我也沒放在心上。

婚禮那天，實在很忙，況且先生只這麼位姊姊，不幫忙打理實在說不過去。等她化好妝，便幫她穿戴禮服、頭紗、首飾……折騰了一上午，直忙到她登上禮車出發到夫家為止。

我因為有喜，便留在家中，但覺得整個人渾身乏力，原以為是懷孕初期常有的害喜現象，倒也不以為意。直到晚上，才發覺自己真是不舒服到極點，腹痛、噁心……全身不對勁，嘔吐了兩三次，直到胃裡空了為止，整個人簡直就要虛脫了般。想上醫院，大家又都為了宴請親友忙碌，又怕人怪我觸霉頭，只好忍著，熬了帖防止孕吐的中藥，才入口，結果仍是唏哩嘩啦的吐了出來。時間已晚，客人又未散，大家只當我是吃壞肚子。

一夜難眠。次日大姑歸寧，好友過來幫忙，她怪我不聽她的話，直說新娘神比胎神大，所以我一定是被沖上了。正巧小叔要過去請新姑爺回門，她要他請大姑帶回「緣粉」及捧花上的鮮花數朵。並要婆婆去摘七種會結子的花來泡「花水」。

　　有了這樣的禁忌，大姑一回來，我便刻意躲開，婆婆用綠粉沖泡開水讓我服下，並將鮮花用開水煮過，讓我洗澡淨身。

　　好友怕這樣還不夠，便盛了碗水，偷偷的躲到新娘子背後，將她禮服的邊上浸了水，再擰乾滴到碗中去（就是所謂的「衫邊水」），要我喝下。

　　喝過水，洗過澡，時間上也差不多到了午宴時刻。

　　公公知道我不舒服，要我去休息。但因家中人口少，見大家忙碌自己休息實在說不過去，便也幫忙招呼起賓客來。說也奇怪，此時體力倒真恢復了不少，雖不是生龍活虎，至少已不像先前般的病厭厭。

　　是心理作用嗎？沒那麼有效吧！所以我想還是不要太「鐵齒」。也許冥冥之中真有胎神和喜神的大對決呢！何妨姑妄信之？

## ■今論

### 分析胎神

　1.意義：

　　農業時代，因醫藥不發達，嬰兒夭折率極高，所以特別注意產前保護，於是在民間風俗信仰上就提出胎神之名稱，來提醒少婦注意。

　2.方位：

　　民國八十一年九月二日，胎神在那裡？

　　(1)胎神：占廚灶床外正西，每日變換位置。

　　(2)圖示：（請見下頁）。

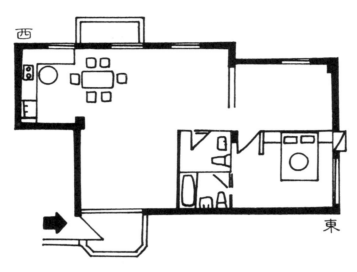

圖(一)

【説明】
①胎神在瓦斯爐外正西部份，即包括正西位的牆壁，及宅外不得動土修造。
②胎神在主臥與廁所之間的牆壁。

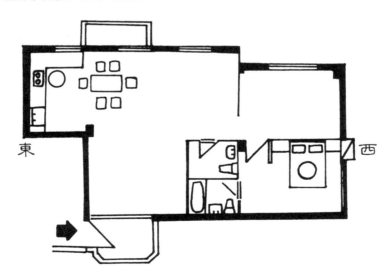

圖(二)

【説明】
①胎神在主臥外正西部分，包括正西位牆壁，及宅外不得動土修造。
②胎神在飯廳方位。

3.影響：

其實胎神就是五黃位置，但八十一年九月二日，五黃在西北，爲何胎神在正西？應該還是以西北爲主要關鍵，即有身孕時，五黃方位不得妄動。

4.比較：

胎神、床母、地基主都是古代農業社會民間祭祀的一種象徵，其實沒有什麼意義，在民間宗教信仰觀裡，中國人採凡萬物皆有神的理論，又把神「擬人化」，然而我們應瞭解「五黃動土」，所受的傷害，比觸犯床母、胎神、地基主等還要嚴重。

古譚中主角所敘述事實，主要原因在：「幫忙婚事，累過了頭。」及「家中有喜事，人多吵雜，驚動太歲方位的煞氣使然。」幸好只是人多氣動而已，如再有動土種樹、改造新宅，那後果就更嚴重了。

# 主題五：方位淺釋

1. 一棟陽宅論其風水好壞，是否可依「看氣」或「氣的走向」來作根據？
2. 有的人說：宅第有如人體，有入氣口和出氣口，所以一幢房子如果沒有開大窗，沒有留後門都不對的。
3. 某大師到每一棟宅第，能夠感覺屋子內何方位氣最強？氣最弱？

## ■古譚

**中國時報報導：除舊佈新迎佳節。**

　　城市中人由於居住空間狹隘，缺乏陽光、樹木、水源（指好山好水，而非飲用的自來水），在充滿壓迫感的環境中生活，暴燥易怒，連帶地影響個人的潛能發揮。值此佳節，國人向有趁著大清掃之便，粉刷油漆，佈置裝潢家庭內外，讓居住環境氣象一新的習慣，而據說利用「風水」調節控制，能補救環境的缺點，具有良好風水的室內設計，可以滋養居住者的「氣」，使他們更能在外面掌握環境，力謀發展。相反地，若住在內部設計不良的住宅，便會發生麻煩。

　　這可不是「邪說瞎掰」，過去，陽宅風水曾被「迷信」科學的人斥為「迷信」，然而逐漸地，人們卻從實際的驗證中，發現這一門古老學問有不少地方，與現代建築和室內設計的觀念相應相符，是非常「科學」的。

　　如果人們居住和工作在氣流不良的環境中，什麼也辦不成，有些地方固然可能發展，但居民在不平衡的區域內將會衰退，所以在城市中，現代的風水觀著重室內的「氣」。

　　房屋有如人體，具有新陳代謝的作用。「氣」必須平衡地流通，順暢出入。基本上，窗和門是房屋的「鼻」和「口」，使室內和室外的氣能夠分開。室內的氣經由門窗、牆壁、屏風、通道、屋角、花樹和傢俱

等，引導至各空間，然後居住的人才能獲得健康而平衡的氣之滋養——既不太強，也不太弱——，以充分發揮居住者的才能。這種說法，實與室內設計的動線觀念相呼應，利用空間的改變刺激旺氣，解除不良環境的敵對性壓迫，使不和諧之地平衡，引導室內的「氣」以改善居住者的體能。

基本上，看「家相」與每個人的出生年有相當大的關係，所以特別重視十二支的出生星方向。風水師表示，十二支的出生星乃是從房子的中心來看，分別決定方位。例如子年出生者（屬鼠）爲正北方位；丑年出生（屬牛）爲北北東十五度的丑方位；寅年出生者（屬虎）爲東北東的寅方位；卯年出生者（屬兔）爲正東的方位；辰年出生者（屬龍）爲東南東的辰方位；巳年出生者（屬蛇）爲南南東的巳方位；午年出生者（屬馬）爲正南的方位；未年出生者（屬羊）爲南南西的未方位……，餘者類推。

風水師表示，一般而言，若將廁所、廚房的流理台或火氣、浴室的浴槽或水氣、淨化槽、車庫、污水穢物處理場等，擺在自己的十二支出生星方位即爲凶，若有冒犯將損健康，招來壞運，因爲十二支的出生星方位左右人的健康運，唯有肉體及精神皆健康，才能在事業工作上衝刺，所以連帶地對運勢有極大影響。

以上所書，僅供參考。無論如何，在除舊布新的同時，何妨將堪輿風水的智慧配合建築和室內設計的觀念融通運用，讓宅第的空間動線、裝潢設計更宜情適性，使行住坐臥更加舒適，預兆未來一年有個美好的開始。

■今論

聯合報報導：周建男建議，建築要有整體規劃，找出中心點，趨吉避凶，井然有序，教育能持續進步。

台灣省國教經費結構下年度大幅改變，學校可運用經費多，校長應具備整體規劃的觀念，才能用得其所，大學教授周建男昨天從環境學的觀點，說明整體規劃的重要。

　　台灣省國教經費過去受制於教育經費不足，學校硬體設施如教室，經常是分期式完成，造成教室品質不齊，景觀破壞現象，周建男表示，更嚴重的是，不當的景觀，影響氣流，對學校環境、人文、事物……等，都有不利影響。

　　由於下年度國教經費教育部和教育廳同意分擔人事費，這筆重要支出由上峯支援，學校經費倍增，新竹市教育局特別邀請周建男教授為竹市國中小學校長、主任上環境學課程。教育局長林朝夫表示，周教授也是台灣省陽宅教育協會理事長，請他介紹陽宅、風水，不是迷信，而是提供一些法則，讓教育趨吉避凶，教育能持續進步。

　　周建男昨天以許多實例說明陽宅與環境理論，他說，教育廳曾委託該會辦全省「居家環境研習班」，反應不錯，未來類似的研習仍會繼續辦理。他指出，陽宅風水是中國幾千年來的智慧，有人視為迷信，實因過去資訊不發達，鄉野傳奇穿鑿附會所致，其實，現代陽宅環境學已成為新興學問，和數學、政治學一樣，值得深入探討，作為行事為人參考。

　　他說，一般學校建築格局較常見的缺失是沒有中心點，這肇因於過去建築過於零散，沒有中心點，造成氣流迂迴不暢，易生是非和意外。

　　陽宅重氣與磁場，以氣來說，一棟高樓起建，鄰近氣流起變化，自然影響生活其間的人。如何找到中心點？周建男提供一個方法——拿出學校平面圖，劃兩條對角線，交叉點即中心點，建築和環境規劃就依中心點演化，井然有序。

　　整體規劃完成，再考慮門、辦公室、客廳、光線、方位等因素，生活在經規劃整理的環境，周教授表示，校長、主任辦起學來，應可順暢無阻。

# 主題六：機關形煞

1.有的機關會因建築風水格局有問題，而受影響行政效率嗎？

2.員警頻闖禍，員工常意外，學校校長意外受傷，或員工犯桃花劫、
　是非劫、官司多等，與風水有關嗎？

3.如機關風水有誤，有方法變更嗎？

■古譚

1.自由時報報導：南投水利會格局缺乏中心點。

　　南投縣議會、南投水利會及草屯鎮農會三機關的地理風水，一直被認為特殊，其中南投水利會曾被稱之為「煙花地」，經堪輿學的論點驗證發現，此處格局缺乏中心點，易招是非、小人、桃花。

　　南投縣議會日前才有一位議員過世，該會風水不佳之說再度響起，而與該會並列為風水特殊的南投農田水利會、草屯鎮農會，其地點是否真的也有問題，本報特別就南投水利會，請省陽宅教育協會理事長周建男前往勘查，經驗證發現依堪輿的論點，其格局的確出現了錯誤。

　　興建有年的南投水利會，整個建地分為三大部分，以其中心點來說，在東位部分是前門入口，在西北位部分是宅後拖建，在禮堂處以鐵棚銜接，西南部分接著車道入口，整個建地中央有一個水池，該會建物形成一個「ㄇ」字形，也就是中空的格局，而管理組門口正對水池，門對面又植有兩棵樹。

　　這種景觀格局，應驗「宅心中空常有是非、門前兩棵樹應風流」之說。省陽宅教育協會理事長周建男指出，宅心中空對居住者不好的原因，主要是宅第如果缺中心點，容易形成亂流，天地氣流是直射而有互應，內氣通外氣能成育，這才屬吉。外氣是陰而未見，內氣乃形而易

見；外氣爲環境氣流，內氣是內部格局，「易經」說：「乾坤合，而萬物化生」，陰陽互應，氣的流動不能有阻隔，否則就稱之爲「亂流」。

南投農田水利會去年有溪心壩工程的訴訟案，之前茄苳工作站水泥事件，還有一些私底下的糾紛傳說，周建男認爲這種中空沒有中心點的格局，在該會本會工作的員工，即會受到影響。這種影響就好像是收音機接收電台，如果有山阻隔，或在橋下、隧道內，就會有斷波現象，這是音波的亂流阻礙；陽宅的古老建築，因使用一段時間，人事業務的擴充，便一再擴建延伸，就會形成爲好的亂流。

人在亂流中，主要是磁場受干擾，宅內不和、情緒不穩，人際關係會不協調，或身體容易有恙。南投水利會的宅心中空，氣流從中心點擴張，影響了東位、西北位的辦公室，惟一最好的解決辦法就是拆除舊建物重建，或員工儘量注意修持，節慾而不妄動。

2.中國時報報導：員警紕漏多，歸因風水差？

在連續發生員警違法違紀案件後，霧峯警分局特地請來地理風水師查看風水，連日來並大興土木，同時著手進行辦公室、辦公桌搬風移位，以求未來諸事順利。

霧峯分局近來連續傳出派出所員警違法違紀案件，大家都一致責怪分局辦公大樓風水方位不佳，因此特地請來地理風水師查勘調整。

地理師初步認爲，分局辦公大樓應以面對中正路和吉峯路口，以斜坐位置修建最佳；目前則是開門太多，同時分局長辦公室擺錯位置，開在虎邊而不是龍邊，以致壓不住陣腳，頻頻發生狀況；至於刑事組原本應放在大門右側較爲理想，現今則位在左側，不僅方位欠佳，同時刑事組長房間上方爲檔案室，難怪被壓的多件命案未破，積案眾多。

此外，地理師也認爲刑事組內桌椅擺放不當，內輕外重，不大理想。

也因此分局連日來熱絡進行搬風移位工作，已經辦妥的爲分局長辦公室遷至四組辦公室，副分局長室則更動辦公桌方位，至於四組遷至原駐區警察辦公室，駐區督察辦公室則遷往原分局長室。

　　此外，更大興土木，將分局前迴走道、花園全部打掉，變更為廣場，同時封閉側門邊門，只留大門口出入。

　　在刑事組方面則搬動桌椅，內側為二排外側單排，以利內重外輕，刑事組長辦公室遷往原裁決室，原組長辦公室則專用為會客室。

　　藉著這些工程動作，霧峰分局期望未來的日子能較為順暢吉利。

3. 自由時報報導：南投縣議會風水出問題？

　　南投縣議員邱憲照於農曆除夕（卅）日晚病逝，南投縣議會近五屆以來，每屆均有人在任內去世。上屆議會雖經指點在大門口擺了一對石獅子，仍鎮不了，真是邪門。

　　名間鄉籍邱憲照，享年四十歲，無黨籍首次出馬即當選縣議員，為人四海，交友廣闊，不久前因肝病住院，最後因肝功能衰竭，於除夕卅日晚去世，病中即有人見其病勢不妙，預料其可能過不了年。

　　南投縣議會上（第十一）屆、第十屆之議長巫重發遇害身亡，前議長粘國西經人指點，訂製一對石獅子擺在議會大門之前左右兩側，鎮邪重於美觀裝飾，卻仍鎮不了，本屆邱憲照又在任內因病去世，地方已籌組治喪會。

　　邱氏屬第一選區（南投、名間），所遺任期雖超過一年，但因缺額未過半數，依法不用補選。

　　南投縣議會第十屆山地信義鄉籍司馬志，未宣誓就職就因病去世，補選由第九屆的議員改選鄉長落敗的史長貴蟬聯。該屆名間鄉籍之王明順、草屯鎮洪有源兩人也在任內因病去世。

　　第九屆竹山鎮籍余秀卿議員則因車禍死亡，第八屆名間鄉籍之陳鎮雄也是任內因病住院去世。

　　南投縣議員卅七名，最近五屆四年任內，最少死亡一人。力拚才當選，而面臨威脅，有人不太敢當，問題不知出在哪裡？抑是純係巧合，與風水無關。

■今論

1. 自由時報報導：逢路彎、沖天斬煞、建物西南向，宅運轉衰。

　　霧峯警察分局前些時候頻出狀況，遂產生風水有問題之說，省陽宅教育協會理事長周建男經實地勘察鑑定，認為其逢路弓、沖天斬煞，建築物西南向，皆是招惹是非之主因。

　　省陽宅教育協會理事長周建男指出，每一棟建築物都會形成「宅運」，所謂「宅運」即指住宅的三元九運關係。在往昔的陽宅理論，都是兼含在陰宅理論中，行文又習慣用陰宅的術語代入陽宅，所以「宅運」又被稱為「山運」，意思是以住宅的「坐山」方向之「卦位五行」，與「三元九運」的值運紫白，兩者之間的生剋關係，來推論宅第的吉凶。這種吉凶是一個大範圍，與「運」的年代相同。「吉」是廿年宅運俱吉，「凶」則廿年宅運皆凶。

　　霧峯分局在霧峯鄉中正路和吉峯路口，正門向中正路，為西南向，它的特色如下：

(1)逢路彎：從霧峯往台中方向的中正路，在霧峯分局處，恰巧是路彎，即路彎曲朝大門直射。這種沖犯路彎的情形，容易招惹是非。

(2)沖天斬煞：在中正路霧峯分局的前面，有對沖而來的巷口，宅第犯路沖，兩旁又有高的建築物，即叫做「天斬煞」，有「天斬煞」也容易有意外、是非之運。

(3)建築物西南向：以八十年節氣來說，配合路弓卦象，以及天斬煞卦象，主易有是非、小人、糾紛、口角，該局為「坤」者，即為西南向，九星流運是走到二黑運，西南卦位含未、坤、申三個山。走到二運時，九星宮位色澤和五行配合，對照八卦方位五行，產生一組「生、剋、體、煞」的關聯，這種關聯是以住宅的坐方五行為副，而以「元運的九宮」為主。民國八十一年為壬申年，公元一九九二年為下元七運。而艮山坤向（也就是坐東北向西南）的宅第就應驗囚氣，囚氣是有志難伸之氣，故是非多。

　　另外若以下元七運分析，一九九二年是下元年，整個「下元」六十年，宅的五行都是屬金，而第七運（一年的流運）的五行也是「金」，如此大小二運的五行都是金的話，便形成「金金相比」，只要宅第建築物的方位，不要反剋「大小運」的金就可以了。

　　霧峯分局如果要化解是非，周建男建議，最好是能「扶金」，則元運的氣勢更旺。因此最好在房子的中央位、東北位、西北位、西方位，有特別的修飾及佈置，以幫助大小二運的「金」運。特別的修飾包括加一些盆栽以利光合作用，或放置魚缸得「水金相生」，此外，也可以塑膠袋裝一把鐵釘或十元銅板，放在四個角落。

2. 自由時報報導：公家機關、學校，應注意建築格局，減少是非，勿犯形煞。

　　居家環境一般人較講究，而公家機關、學校也應注意其格局，可以使學生有好的環境，或減少辦公室是非，而在美化校園、機關環境時，省陽宅教育協會理事長周建男建議把握勿犯形煞、屋舍要有中心，以及不要動土不當的原則。

　　以往學校及公家機關的格局景觀，一向較少受到重視，而兩者的環境好壞，卻攸關數百名甚至上千名學生之安全，及許多員工的情緒和辦公效率，因此省陽宅教育協會理事長周建男認爲也應規劃一下，而在規劃時有幾個原則可以掌握，包括：

　　(1)勿犯無情風水：

　　　　周建男曾鑑定芬園鄉某國小，發現在現任校長接掌該校前，校內經常小人、口舌是非不斷，其原因出在校長室正好位處八風煞交會。所謂八風無情，在建築格局中有兩種情況可以視之，一是風生水起無情局，校長室或老師辦公室，正好在風來處的交會點，二是大而無當，氣洩不聚孤寡義。例如在花東地區，有很多地理依山傍海，以風水粗淺觀點來說，好像陰陽交會、結穴之處，可是恰巧相反，因爲水局應沈、靜，才爲有情，海邊波濤洶湧乃是無情。

風也是一樣的道理，台中大肚山脈，從梧棲直奔而來的風，掠山而過，就是無情。周建男建議，凡是公眾聚會地點，如學校、機關、主事者的辦公室，不可以迎風，應採背風，如果錯誤可能影響決策力及行政推動方針，不可不慎。

(2)注意樹木形煞：

有的校園或機關，在內部栽種樹木遮陽，立意雖好，可是若方位不對，剛種下去的樹苗，因為還很小，不會造成不好的剋應，等到一旦樹木長大，對校長室、機關首長室，將造成不良影響，易生意外、災難。

(3)應有中心點：

建築格局最怕沒有中心點，在舊式機關格局中，有的是遷就採光，有的是房舍不敷使用，而臨時加蓋拖建，一拖建即易有錯誤產生。例如南投稅捐處、南投農田水利會的格局，都屬這一類，所以周建男建議特別注意機關格局中的不利方位，以免帶來無妄之災。

(4)不要動土不當：

動土是過去一再提醒注意之大事，過去有許多實例，皆因「動」而肇禍，在學校內如動土方位不對，最直接影響的就是校長本人，機關內就是行政首長，因此主事者也應加以小心。

周建男也特別提出建議，南投酒廠本來有意要改大門，但經勘定結果，大門是在廠長辦公室的西南位，八十一年西南位動土不利，因此最好延至八十二年國曆二月五日之後，就不會犯土煞，而今年內，酒廠西南位二百公尺處若動土，也主不吉，應小心。

# 主題七：八卦飾物

1.犯路沖的房子前面掛八卦、鏡，是否有效。

2.陽宅內不平安時，塑石獅壓鎮是否能驅魔。

3.風鈴、寶劍、虎頭牌等是否有避邪旺運的作用。

## ■古譚

台灣南部石獅傳奇報導。

石獅子在中國民間的形象，比任何國家還普徧，無論橋頭、墓前、廟門、樂陣、宅門、軍旗，多有牠的形象。在軍旗，代表雄威；在樂陣，代表瑞泰；在宅門，代表辟邪；在廟門，代表護衛；在墓前，代表守墓；在橋道，代表列儀。

屏東縣里港，高樹交界即高樹大橋以東兩百公尺的一八八線公路上，高樹新南社區入口兩旁，民國六十九年完成社區興建，七十年社區委員會十一名理事決議，在該路旁擺置了一對石獅以美化社區，但光怪譎異情事隨即發生，社區理事歐某等四名在短短的一年內，有的死於車禍，有的死於絕症，於是傳言係石獅作祟「吞噬」而亡，有人更做驚人之語，若不把這對石獅拆下，意想不到的怪事還會接二連三地光臨，當然也有人認爲這是巧合，是無稽之談，但眾議沸騰，一片討石獅之聲充斥街頭巷尾，最後遂以大多數民意爲依歸，不管是確有其事或巧合迷信，把牠倆拆下並不費事，終於這對石獅遭到了「薄懲」拆下後，棄之於附近公墓裡，與死人爲伴「好好反省」，說來玄妙，從此以後平安無事了，真是怪譚。

■今論

自由時報報導：收藏古物、懸掛飾品，當心惹禍。部份附有射線、煞氣、靈氣，隨意懸掛反而不妙。

　　時下不少人流行收藏古物或懸掛飾物，若不慎買回有靈氣之物，易因其接受過各方不同的射線、煞氣，而有意外，因此省陽宅教育協會理事長周建男提醒民眾注意飾物特性，如風鈴就要特別小心。

　　電視影集「十三號星期五」劇情，都圍繞在被詛咒的古董所發生一連串的怪事，而真實生活中會不會有這種情況？省陽宅教育協會理事長周建男指出，有些人不小心買回來具靈氣的古董及飾物，如果處理不當，極容易遭受意外，因為古董或有人祭拜過，接受各方不同的射線，或埋入土中而出土，感染了各種煞氣及日月菁華，所以收藏時應特別小心。

　　有關飾物的特性，周建男分析如下：

　(1)有射線影響的飾物

　　①風鈴：會產生音波作用，具有改運及改象的影響。

　　②佛像：祭拜過的佛像易導致邪靈依附留戀，收藏時應小心。

　　③盆栽：有光合作用，能影響運勢，宜置財庫位，如擺設得宜，具有吸收不良射線、磁場的作用。

　　④牛角、虎皮、化石等，因為是生物被宰殺而來，生靈易成為怨靈，又假設某人生前對古董有執著的愛戀，死後靈魂也會依附不去，如此再度收藏者，便成為受傷害的對象，故要小心。

　(2)無關緊要的飾物

　　①刀劍：有人迷信見血真劍有避邪作用，這是不對之觀念，否則殺雞宰羊的刀豈不成了聖品。

　　②鏡子：避免胡亂投影，但是掛了也沒有作用。

　　③虎頭牌、山海鎮、浮雕、獅頭牌、招牌、字畫等等，其實都毫無作用，因為這些飾物，本身無法產生波長，所以對人類磁場，不會形成反射。

　　省陽宅教育協會理事長周建男，特別強調「風鈴」不可誤用，在飾物中它的影響最大，很多堪輿師在鑑定陽宅時，都常教人在宅第中某處掛一風鈴，一般人對風鈴到底會產生什麼作用，都不甚了解，只要有人建議，就照掛不誤。

　　其實風鈴是代表「金」這個數，在家宅某個方位需要加強「金」這個數時，可在指定方位上掛風鈴，但若不是則反而對身體有不良影響，像一名男士，妻子常生病，他便在大門口掛風鈴以擋煞，不料病情反而加劇，經鑑定該宅是「雙土疊忌」到門，若再加上風鈴、等於雙土疊忌化金，為天、地、人三卦齊飛，不但對妻子的病情無助，更會常做惡夢。後來經建議，出入不走正門，改走後門，使卦位改變，進出氣改變，情形便有好轉。

　　風鈴產生之影響，以現代眼光來看，是因它能產生「波」，這種風鈴波是聲波，為一種縱波，當風鈴振動時，附近空氣受壓縮而形成部分氣體壓力，壓力大小不同而有「密部」及「疏部」，相鄰兩密部或疏部間的距離，謂之波長，其聲波會干擾居住者的細胞原子上的帶電粒子，如果居住者在睡眠中，腦細胞的帶電粒子受其影響，就會有活動異常現象，當然就形成夢魘了。

# 主題八：風水動土

1.陽宅附近如有人動土是否對居住者會造成傷害？

2.這種動土的情況如何發生，能否稍做預防？

3.自然與進步能否並行不悖？

## ■古譚

1. 自由時報報導：風水有問題，警所門口淪為斷魂谷。武昌派出所門前，連傳三人跳樓自殺。

　　位於台北西門町西寧大樓的萬華警分局武昌街派出所莫非是風水出了問題？繼去年底連續兩人選擇西寧大樓跳樓自殺，而摔死在武昌街派出所門口後，今年元旦深夜又發生男子莊重信因久病厭世，亦選擇該地點自殺死亡，且因墜下的力量相當大，壓毀停在派出所前的副主管座車。

　　前日深夜，一名家住台北縣三重市的男子莊重信（四十八歲），隻身前往台北市西寧南路四號洛陽停車場西寧國宅，並由十六樓躍下，莊某墜落在武昌街派出所前，副主管林榮博的自用小客車後翻滾落地，並發出轟然巨響，派出所值班員警出門查看後，立刻電召一一九救護車將一息尚存的莊某送往中興醫院，經急救後不治，莊某身上雖未帶身分證，但是留下兩張以便條紙書寫的遺書，表明自己因胃癌纏身不堪折磨才自尋短見。

　　據萬華警分局刑事組幹員表示，尋短者多次選擇西寧大樓跳樓自殺的頻率似乎高了些，而每次跳樓地點均「選定」武昌街派出所門口，也令人不得不覺得太過「邪門」。而武昌街派出所部分員警私下表示，如果是該大樓住戶想不開跳樓自殺還算是其來有自，但是接二連三發生外地人選定該處跳樓，實在不可思議。

　　據警界一位精研風水易數的資深警官前往現場勘查後，發現武昌街派出所出口呈「八」字型，在風水格局上屬「凶格」，而出口處狀如「手捧」狀，加上歷次跳樓冤魂煞氣過重，必須改建出口並作法超度，才能避免「鬼牽人」事件再次重演。

　　去年十月間一名久病厭世的老人，及去年十一月中旬香港華僑麥永明，因在台發生感情糾紛和股票套牢，都在同一地點自殺，雖然如今已是科學昌明時代，風水之說未必可信，但是由於太過離奇，派出所員警們心裏還是覺得「毛毛」的，而眾人出門前均養成先抬頭往上看的習慣，以免因天外飛來「異物」而遭受池魚之殃。

2.自由時報報導：二號引擎都是新貨，墜機前做過 A 級檢查。

　　華航失事貨機除證明二號引擎故障外，四號引擎也有問題，不過貨機在失事前幾天才做過 Acheck，而發生故障的二、四號引擎都是貨機中較新的兩具引擎，此次失事顯示華航機務維修工作亟待檢討改進。

　　在華航失事貨機的機長曾向飛航管制近場台報告，二號引擎故障無法左轉，接著就墜機，經現場搜查在龜吼港附近海面撈起四號引擎外殼，及撿獲飛機殘骸碎片，顯示四號引擎也發生問題，並在空中散落機件。

　　不過華航指出，失事的貨機於去年曾做過 A、 B、 C 三級不同 Check，且出事前幾天，還曾於十二月二十一日進廠做 Acheck，而故障的二號引擎僅飛行三千五百五十二小時，是飛機四具引擎中，僅次於四號引擎的新引擎。

　　根據華航向民用航空局所提報的資料顯示，二號及四號發動機是 B一九八號波音七四七全貨機四具發動機中，兩具較新的發動機；其中，四號發動機最「年輕」，使用時數為二千三百零四小時，起降次數四百一十八次；二號發動機使用時數三千五百五十二小時，起降次數六百二十七次。

　　民航專家指出，波音公司設計製造飛機時，一具引擎故障爲平常情況，二具引擎故障仍可安全降落，此次華航貨機失事除二、四號引擎故障外，可能因引擎故障而引發其他操控系統不良情形才會墜毀。

　　華航 B 一九八貨機墜機事件引起民眾對飛航機械維修的重視，多位民眾指出，另外一架華航空中巴士客機，預定上月廿七日從印尼經新加坡飛台北，起飛後由於機械故障折返，導致延誤廿七小時才回到台北。

　　搭乘這班客機的民眾表示，這架班次 CI672 的華航客機，上月廿七日上午七點廿五分從印尼雅加達起飛，經新加坡回台北的預定時間是下午三點廿五分，但起飛後不久，即發現機械故障而折返，直至廿八日下午六點卅分左右才回到台北，足足慢了廿七個小時多。

3. 自由時報報導：幾經安全、耐久、可靠測試的飛機引擎怎會出問題？
　華航貨機失事之謎，困惑中外鑑定家。

　　中華航空一架編號 B — 189 的波音 747 — 200 型貨機，日前失事墜毀於台北縣萬里山區。初步調查發現，這架貨機右翼三、四號引擎早在墜毀前就已在空中解體，碎片沿途掉落。一架正常起飛的民航機，在不到八分鐘內發生如此嚴重的引擎損壞是極不尋常，令中外鑑定專家至今仍感不解。

　　華航失事貨機所使用的是美國普惠公司（ Pratt & Whitney ）設計製造的 JT9D — 7 系列渦輪風扇式噴射引擎，每具引擎最大推力可達四萬七千磅，單一引擎本體重量約八千八百磅，廣泛被用於波音 747、道格拉斯 DC — 10 等大型廣體客機，從 1970 年代以來一直是最受歡迎的民航引擎之一。

　　基本上，所有飛行物的推進器，都是以各種不同方法，來改變空氣的動量，最明顯的例子是玩具氣球，一個氣球漲滿氣時，球內空氣壓力必須大到足以抵銷氣球本身的收縮力，這時候如果突然將頸口鬆開，球內的受壓空氣會加速從頸口噴出，改變空氣動量所產生的反作用力，推使氣球朝空氣噴出的反方向飛去。飛機引擎也是相同原理，螺旋槳引擎

是透過螺旋槳旋轉來產生空氣動量，噴射引擎則是藉由空氣燃燒膨脹來增加動量。

華航 747──200 型貨機上的四具 JT9D 引擎，設計上屬於改良式的渦輪風扇型噴射引擎。推力來源包括兩部份，一部分與傳統純噴射引擎相同，高壓空氣混合燃油點火產生的噴射反作用力，另一部分則來自引擎前端的風扇葉片。

就純噴射引擎部份來看，從引擎入口處吸進來的空氣經過如電扇般排列的壓縮機，壓縮成約十至三十大氣壓的高壓氣體，溫度昇高到攝氏三百到五百度左右。壓縮的空氣進入燃燒室後，混合燃油燃燒成攝氏一千二百度至一千四百度高溫氣體，這些氣體先經過氣渦輪機帶動渦輪轉動，並經由傳動軸傳送提供前方壓縮機動力來源，接著再通過高速噴嘴噴到空氣中，噴出的反作用力就是引擎所獲得的推力。

爲了提高引擎效率，JT9D 引擎除純噴射部份外，又在壓縮機前方的入口處裝置風扇葉片，利用渦輪帶動風扇旋轉吸入空氣加壓，再由風扇葉片的噴嘴噴出增加推力。估計由風扇產生的推力約佔引擎總推力的百分之三十至六十。

在程序上，任何飛機引擎從設計到商業運轉，都必須經過多重反覆的安全測試，基本要求是運轉中即使損壞，也應保證引擎的損壞盡可能不要波及或影響飛機其他部份或機能。因此，這次華航貨機兩具引擎同時故障，隨即墜毀的原因，格外引起國際民航界重視。

一般來説，引擎測試的三大前提是耐久性、安全性與可靠性。耐久性方面，最嚴格的考驗是連續運轉一百五十小時的耐久試驗，以六小時爲一週期讓引擎模擬各種飛行狀況的引擎運轉，反覆測試二十五次後，再將引擎澈底拆解檢查各零件狀況。由於測試中採高負荷運轉，因此這一百五十小時模擬相當於正常狀況下一年商業航程，例如一般起飛爬昇推力頂多連續五分鐘，在每一測試週期卻必須持續三十分鐘以上，還要連續九十分鐘最大推力運轉等。

安全性與可靠性方面，測試重點在於確認各種環境下的操作能力，例如低溫、高溫、側風、落冰，以及承受各種異物吸入實驗等。其中異物吸入的項目包括從氣象上的水、冰塊、冰雹，地面的砂石、石塊、輪胎碎片，到空中四磅重以上大鳥。

另外一個與本次華航墜機事件關係最密切的是引擎葉片損毀測試，試驗方式是在運轉中，用火藥將葉片從根部炸毀，使引擎發生毀滅性破壞。由於質量重的葉片在高速下，脫離具有極強的切割和穿透力，所以測試的標準是要求不得引起飛機起火，以及葉片不應穿透飛出引擎外殼，損及其他部位。這種將毀損葉片收納在引擎外殼的設計，在這次華航失事貨機上似乎並未發生作用。

初步調查證據顯示，這架貨機右翼三、四號引擎，在起飛約五分鐘就已嚴重損毀，從三芝、野柳、白沙灣、淺水灣、龜吼都已發現這兩具引擎的碎片，可見三、四號引擎在墜毀前就已空中解體。而從拾獲引擎外殼碎片上明顯的切割痕跡來看，推論原因可能是其中一具引擎先發生故障，葉片脫落飛出，擊中同側另一具引擎，使右翼兩具引擎都損壞，並可能損及部份操控或監測功能，才使飛機失控右傾墜毀。

由於華航失事貨機上紀錄二十九項資料的飛航數據紀錄器已燒毀無法解讀，短時間內還無法確認失事原因，但至少從現在資料來看，起飛沒幾分鐘便發生如此嚴重的引擎故障，國內的飛機維修及檢測能力與制度都該警惕檢討了。

## ■今論

1. 自由時報報導：本身犯煞，宅第附近又動土。凶兆出現，災難降臨。

「動」在風水上屬於大忌諱，吉凶會立刻反應，而影響最大的就是動土及修造，此次的鐵路造橋事故，已調查出是司機蘇金焜的疏失所致，而省陽宅教育協會理事長周建男經鑑定印證，發現蘇某住家附近有嚴重動土是一大凶兆。

　　在風水上所指的「動」包括遷居、建宅、旅行、挖路、就職、轉業、從商、結婚、相親、升學、洽商、簽約和交易等。而在命理星相學上，人有大限、小限、流年、流月的轉變，即人出生後不變，但地在蛻變，如果一個人在某一年有犯那一種煞，那麼再加上動土和修造，就極可能會是一個大凶兆，換言之，宅第附近不當動土及修改都不好。

　　省陽宅教育協會理事長周建男指出，此次台灣鐵路苗栗造橋車禍，調查出原因是在司機蘇金焜的疏忽，而蘇金焜住在台北縣樹林鎮啓智街，其宅第經理事長前往勘定後，發現其正北方正在動土，正南方今年又逢新建房子，東南方自十月份以來都在挖馬路，而蘇某是四十二年次，辛未年犯沖土煞及喪煞，八十年宅第的正南、正北方又不能動土，在惡運疊化之下，就是個人災難的變數。

　　有人會說各種車禍發生是不小心，或開快車⋯⋯等原因，但是開快車的人很多，偏偏有人平安無事，有人卻出事？周建男強調，冥冥中有一個定數，從星相理論、宅第風水都可看出車禍的端倪，現今交通設施愈來愈快捷便利，而像捷運、高速鐵路等都將是與速度競逐的交通工具，如果大家能建立危機意識，注意自己的宅第，就可避免危險因素。

　　周建男亦表示，在鐵路大車禍之後，除了檢討法律和行政上的問題，去除人爲因素造成的疏忽之餘，也應看看每名駕駛員的流年、宅第，讓有災難運的人避免接觸重要交通工具的方向盤，是另一可參考的預防之道。

2.自由時報報導：陽宅向西南、東北最凶。

　　華航貨機失事、武昌街派出所連續有三人跳樓自殺，省陽宅教育協會理事長周建男經實地印證，發現的確是建築物內外有「動」的跡象，才導致意外。在八十一年裡陽宅的西南、東北向爲凶方向，凡是覺得諸事不順，應儘量往正東、正西方向遠行。

　　每逢天變，就會有人害怕是災變的預兆，但是也有人認爲只要爲善仁厚，就不會有災殃。究竟吉凶禍福如何斷定？省陽宅教育協會理事長周建男以陽宅學的觀點來探討如下：

(1)就理論而言：陽宅的空間是一個「場」，場中有「波」，我們每個人在自己的宅第中，承受火（溫度波）的感應，燈及電器品（電波、光波、磁波）的感應，以及聲波（如各類噪音）、水波（如自來水）等。在宅第外承受各類放射能的起電撞擊影響，場內場外的雙層影響作用，其波形成波動，反射及介質傳導，我們就會有吉凶呈顯，稱之為「陽宅場」，古代先哲雖不了解這種複雜的超生化科學原理，但是已憑著頓悟的智慧，整理出理哲學的學問，所以說陽宅學應該是一門研究「場的影響力」的科學。

(2)就影響來說：凡是陽宅（即建築物）的內外有「動」的跡象，都可能導致吉凶。為了交通的進步，捷運工程必須要進行，但是相對地這種「挖」、「動」的影響力，也使得經濟面全面不景氣，所以從七十八年至八十一年，應該是「動」的施工期，經濟的發展速度自然放慢。

針對陽宅內外「動」的影響力，周建男針對華航貨機失事，台北市武昌派出所三人跳樓自殺兩案來探討見證。近日熱烈討論的華航失事貨機，經檢討後，發現二號、四號引擎為新引擎，卻莫名其妙出問題，且事前已做過 A 級維修，為什麼還會失事呢？若以陽宅風水觀點來看，華航貨機都停置在機場的華航機務處，以華航機務處為中心，正北方就是華航發動機修護廠，剛好在八十年六、七月間動工興建，八十年北方的放射波長不能有高頻率現象，經過這次大工程，當然會應驗災難。

而且在去年十一月廿七日上午七時廿五分華航 CI672 的客機，也因機械故障原因，誤點廿七個小時，在機械問題之外，其航警局東側的機務處北方動土亦是主因。

第二個案例是台北市西寧大樓武昌街派出所，在去年十、十一月都有人跳樓自殺，今年元旦深夜又有人在此自殺，以陽宅學來看，這棟建築物的風水磁場大有問題，首先是因武昌派出所在鬼門位，第二是該棟建物正南凸出，右臨昆明街，左臨西寧南路，後依忠孝西路二段，為標

準的「龜頭午」格局，在八十年節氣裡易有災難，第三武昌派出所大門左前方較長，剛好龍邊沖犯「黃泉煞」，才易生災厄。

周建男也特別提醒讀者，在八十一年應特別注意自己陽宅的周遭環境，凡是西南向及東北向，為最凶方向，凡正東向及正西向為最吉方向。

3. 自由時報報導：北市今年將真正面臨交通黑暗期。

台北都會區捷運工程由於八十年超乎想像地突破發包瓶頸，工程標陸續發包成功，全長八十四點七公里的初期捷運系統路網捷運工程，今年內也將全面動工開挖，對交通的衝擊非同小可，台北市今年可以說是真正進入了「交通黑暗期」

台北都會區捷運系統工期初期路網經行政院核定，全長八十四點七公里，包括木柵線及內湖延伸線、淡水線、新店線、南港線、板橋線、中和線等六條路線。

木柵線及內湖線從木柵動物園至內湖，全長二十點七公里。其中，動物園至松山機場路段，台北市政府捷運局正全力趕工中，預定今年十月可先期完工通車。由於全線採高架中運量興建，施工期間曾經造成復興南北路附近交通大壅塞，幸經捷運局及交通局實施妥善的交通維持計劃，才勉強通行，但車行速度已大為減少。

淡水線從淡水站至新公園站，長二十二點八公里，目前施工進度達百分之四十九點二九，預定八十二年底完工通車。由於淡水線施工的範圍是沿著舊有的台鐵鐵道施工，所以對台北市的交通影響有限。

但是，從今年八十一年開始、南港線、新店線、板橋線、中和線的工程全部都將投入。雖然這四條路線長度加起來長四十點六公里，僅佔總路線百分之五十，但其所造成的工程開挖面，涵蓋台北市交通量最大的台北火車站前的忠孝東西路，一直至南港的忠孝東路；以及另一條新店線工程，沿著台北市南區交通大動脈羅斯福路，延伸至新店北新路。

而更令人擔憂的是，八十一年捷運工程施工的範圍所影響的附近道路，涵蓋南京東西路、忠孝東西路、仁愛路、信義路、新生南北路、基

隆路、中山南北路、中華路，幾乎可說是台北市有三分之二的道路都受到工程影響。預見的是，捷運工程今年將比去年，給台北市民帶來更多的不便。

4.動土附圖(一)：

（華航八十年動土施工略圖）

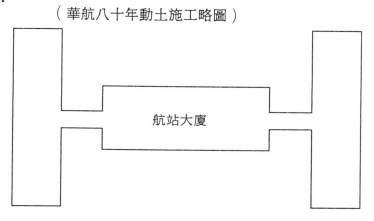

航站大廈

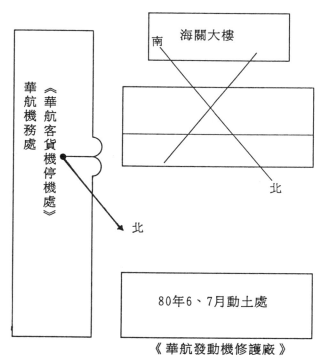

海關大樓

南

北

華航機務處

《華航客貨機停機處》

北

80年6、7月動土處

《華航發動機修護廠》

【說明】八十年六、七月華航機務處的正北位動土，影響貨機失事。

## 5.動土附圖㈡

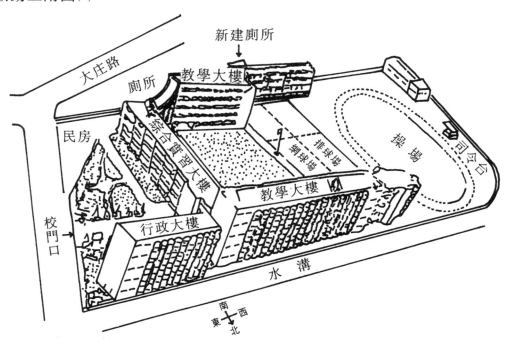

省立南投高商校舍更新立面圖

【說明】
省立南投高商因八十一年緊鄰校側西南位有人蓋大樓，故影響學校教職員身體健康至鉅。

# 主題九：謝土軼聞

建築蓋房子挖地基，是否在施工前要有開工動土典禮，完成後要有謝土儀式才會平安？

## ■古譚

**聯合報報導**：學甲國小兩任校長去年底相繼去世，疑與風水有關，前車之鑑，東陽國小「謝土」師生齊跪祈安。

台南縣學甲鎮學甲國小前後兩任校長林聰明與許崑林，去年十二月間相繼因心肌梗塞去世，地方人士疑是司令台重建未進行動土及謝土儀式所致，學甲國小因而補辦「謝土」儀式。東陽國小有此前車之鑑，昨天為司令台及圖書室、視聽中心落成舉行盛大謝土大典，全校師生、家長同跪在操場祈安。

學甲鎮東陽國小司令台於去年重建，爭取經費及籌劃的校長林聰明，在未重建之前，便調往下營國小，由鯤鯓國小校長許崑林接任。司令台完成後，去年十二月間，許崑林因心肌梗塞去世，一個星期後，林聰明也因心肌梗塞在校內突然發作去世。

事後，地方人士認為是司令台重建未舉行動土及謝土儀式所致，校方趕忙在元月二日，由家長及附近民眾擺上三百桌的供品舉行謝土大典。

受此影響，將軍鄉的鯤鯓國小也在元月十九日，擺上一百桌的供品，為校園填土及綜合球場完工舉行謝土儀式。

昨天中午，東陽國小則擺上二百餘桌供品，為司令台及圖書室、視聽中心舉行謝土儀式，並請來各方神明助陣。儀式由校長黃坤堯主持，學生與關心的家長一起跪在操場祈求校運興隆，師生平安，儀式於下午四時許由黃坤堯擲杯，經「好兄弟」表示滿意才結束。

## ■今論

自由時報報導：避禍關鍵，遠離曜煞。

　　台南縣學甲國小兩任校長相繼死亡，另一所東陽國小認爲是重建司令台未舉行破土及謝土儀式，上個月爲該校司令台等工程落成舉行盛大謝土儀式，省陽宅教育協會理事長周建男經勘查發現，問題是因司令台正好在校長室的曜煞位上所致。

　　省陽宅教育協會理事長周建男指出，建築物的空間磁場，是因地球的引力和萬有引力，以及人與其他物質之間也互有引力的關係，引力就是「磁場」，宅第前後左右有各種物體形成引力網，在磁力網中各種物體，當然和自己居住空間有密切關係，這些物體離宅第愈近，磁場的影響就愈大。例如家居附近有尖剋物，就會產生不利的尖剋磁場，影響居住者的健康，並易引發事故。

　　中國的堪輿學講求如何運用八卦方位，古代所說的方位學，現代就稱之爲「磁場學」，兩者結果是一致的，乾坤定位、山澤通氣、雷風相薄、水火不相射，原理自古未變。在宇宙中有一定的脈絡和定理，先哲納入羅經的星宿度數動向，其實就是隱含地球自轉、公轉的角度。

　　有關學甲國小前後兩任校長林聰明、許崑林相繼在去年過世一事，周建男經實地勘查後指出，學甲國小校長室在面臨司令台的後面二樓，與六年己班相鄰，坐東向西。司令台重建在八十年五月卅一日完成，時值許崑林擔任校長任內。格出方位後司令台剛好在校長室的曜煞位上，曜煞如果以最簡單的方法來看，可以宅第大內爲起點，凡是左右四十五度內有屋角、大石、大樹等就主事故意外、災難病情，這些靜物的質量，與居住地人類磁場的質量會產生一種引力，以目前的科技來看，雖然沒有辦法以儀器對磁場引力定量，但卻可依先哲智慧結晶的卦理，預知事情的吉凶。

　　宅第前逢曜煞怎麼辦？周建男表示，除了注意觀察角度之外，還必須注意遠近、大小、仰角、人潮的狀況，例如宅第前逢曜煞如人潮流動量大，會把曜煞的不利氣流沖散；如果沒有人潮，在靜止中的曜煞不利

氣流是加倍凶惡的，學甲國小屬於後者，兩名校長辦學認真，常在校長室內停留，當然是凶上加凶，破解方法為在校長室與司令台中間搭一圓形拱棚，排除不好煞氣。

# 主題十：蔭屍傳奇

> 1.試問風水上常有蔭屍之傳說？又有人描述飛屍、妖屍、吃人魔屍
> 　等，真的有殭屍吃人噬骨這一回事嗎？
> 2.有的村莊會因風水關係，而呈現特殊景觀，例如全部都是生女兒，
> 　全部都是生男丁等？

## ■古譚

1.自由時報報導：蔭屍傳奇，埋葬十餘年，屍體未腐爛。家屬撿骨，發
　現頭髮、指甲、牙齒持續生長，村民引為奇聞。

　　一具埋葬十餘年的屍體，日前在其家屬前往「撿骨」時赫然發現屍
首未腐爛，身體柔軟，且頭髮、指甲、牙齒均長出不少，其家屬在驚嚇
之餘，當場予以火化。由於此奇聞，在協助撿骨的「土公仔」透露，近
日來成為初鹿地區居民茶餘飯後話題。

　　據初鹿地區某地方人士表示，台東縣卑南鄉位於初鹿派出所後方的
初鹿村第四公墓，由於自日據時代起，闢為公墓迄今，當地居民的濫
葬、疊葬，已使該公墓儼如一座亂葬崗，台東縣卑南鄉公所為重新規
劃，供民眾喪葬使用，向省府爭得經費，予以改建為公園化墓園，並公
告禁葬。該公墓公園化工程，因近月內將發包動工，因此許多民眾在接
獲通知下，紛紛擇定吉日吉時，僱用協助撿骨的「土公仔」，至先人的
墳墓撿骨。

　　日前一位住在龍過脈的婦人，帶領著子女及「土公仔」，到其倪姓
丈夫的墳前，為死了十餘年的丈夫撿骨。當僱來的「土公仔」自墳墓將
這具已遭腐蝕的棺木打開時，赫然發現屍首從頭到腳均未腐爛，且死時
所穿的衣服也未腐爛，除肉身柔軟如活人外，原本不長的頭髮也長出了
十餘公分，指甲也長了許多，連牙齒也增長了二至三公分。

對於這突如其來的「情況」，不僅協助撿骨的「土公仔」嚇得魂飛魄散，連其家人也嚇得全身發抖，當即就交代子女立即前往街上，購買酒精或易燃油品，當場即予火化帶回，離去時，並囑咐「土公仔」，不得將此事傳出。

由於這位幫人撿骨的「土公仔」，幹這一行這麼久，還是第一次碰到如此嚇人的事，因此返家後也顧不了那麼多，在用驅邪的草木淨身後，立即將此事轉告鄰人，並在鄰人爭相走告後，一時村內大大小小都在議論此事，令村人談之色變，部份在近年來發生的怪事，也被搬出來附和一番。

該地方人士說，風聞該倪姓村民是自殺而死的，死後，因其位於龍過脈的家，經常怪事連連，連放置在祖先牌位前的香爐都會長蟲，且一隻隻的爬出來，掉落在地上，倪妻因常受驚嚇，最後也不敢住了，在幾年前搬到西部與子女同住，使該二層的洋樓大門深鎖。

該地方人士說，經了解，倪某的屍首不會腐爛，可能就是地理師口中的葬到「生龍口」，會令其子孫發大財、做大官，但由於「生龍口」的葬法，有方位及時辰的限制，因此是「大吉」，還是「大凶」則尚不清楚。至於倪某的屍首不爛，一般稱之為「蔭屍」，較據科學的理論是該墓地底下有硫磺氣溢出，經化學作用後，使得屍首不致腐爛，其情形，在他縣市亦曾發生過。

2. **聯合報報導：吸血鬼大鬧貧民窟。**

菲律賓政情因選舉問題緊繃，不過馬尼拉市郊，民眾關心的卻不是政治而是吸血鬼。

幾周來，吸血鬼為禍貧民窟的消息已傳遍馬尼拉，**繪聲繪影中的吸血鬼是個女殭屍**，她的身子可分成上下兩截，上半身在夜間可自由飛行，尋找獵物，受害者多半是小孩，破曉前，上身必須「回航」與下身重合，因此，白天她和常人無異。

　　菲國一家報紙甚至還刊登收妖婆羅莎和吸血鬼過招的新聞，收妖婆指出：「只有半段身子的女殭屍，披頭散髮，牙尖指長，狀極嚇人，我能死裡逃生，算是福大命大。」。

　　姑不論這則傳聞可信度如何，起碼已為緊張的政治氣氛，添增一則輕鬆話題。（取材自國際前鋒論壇報）

3. 中國時報報導：福建省發現女兒村。

　　福建省邵武市水北鄉發現了一個「女兒村」。

　　一九五〇年以前，這個叫高陽的自然村裡，男女嬰出生率為一比八，但自一九五〇以後，男性出生率逐年減少，到近兩年男女出生率比例變成了一比十二點四。

　　與鄰村相比，該村生活條件屬中上等，人們的精神狀態、健康狀況良好，無特殊疾病。經省地質部門查證，該村沒發現「鎘」元素聚集的地質條件和飲用水源的「鉛、鋅」汙染情況，但為什麼會多生女少生男，則不得而知。

4. 聯合報報導：警方圍捕「殭屍」？虛驚一場。

　　彰化縣田中警分局朝興派出所，前天晚上獲民眾報案有殭屍出現，立即派員趕往處理，原來是一名身材瘦高且精神失常的婦人，虛驚一場。

　　朝興派出所前天晚間十時卅分許，接獲民眾報案指稱在彰化縣社頭鄉山腳路出現一名殭屍，主管郭銘煌立即率員警荷槍實彈趕往圍捕，果然發現一名身著黑色衣服的長髮婦人，因久未梳洗，全身污穢不堪，不過她是活人而非殭屍。在殭屍之說四起中，附近民眾誤以為真的出現殭屍，嚇得門戶深鎖。

　　由於那名婦人精神失常，且口齒不清，問不出其姓名及住處，警方昨天已將她送往收容所。

## ■今論

1. 自由時報報導：墓碑透露玄機，蔭屍隱然成形。

　　本報日前曾刊出南部有一發現長毛髮、指甲的「蔭屍」一事，省陽宅教育協會理事長周建男指出，從墓碑天地角變色或墓碑中間和虎邊出現黑點，以及向西的墳墓，出現「蔭屍」的比例相對增加。

　　人死後，靈魂何去何從？爲何還會有繼續長毛髮、指甲的「蔭屍」？對後代子孫有否不良影響？省教育協會理事長周建男，分別以觀念、傳聞、考證、原因及如何分辨五大項來分析：

(1)觀念：

　　中國人重視「入土爲安」的土葬，因此民眾對穴地的選擇便特別講究，葬屍的儀式雖有土、火、水、天葬等，但仍以「土葬」最普遍，所以選擇穴地，都小心地怕誤選凶地，如「養屍地」、「養蟻地」等，如此一來會使骸骨難以安息，也相信後代子孫的命運會連帶遭殃。

(2)傳聞：

　　古今傳聞中，以「養屍地」最恐怖，遺體葬於其間，肌肉不腐，日久吸收天地山川靈氣精華，形成殭屍，四出吸人精血。歷代的小說、傳奇，多有如此記載，且不少記載中把殭屍形容成遍體長滿綠毛，若用火燒會發出噴噴怪聲，並有腥血湧出。

(3)考證：

　　到底有否死而不化的殭屍呢？周建男曾在廣西省遇到一邱姓老翁，年紀八十有餘，少年時即擔任「撿骨」工作，他告訴周建男曾四次眼見此類殭屍，但是只直挺挺地躺在棺木中，沒有傳聞中的猙獰模樣。當時邱伯曾開一棺木，讓周建男看，赫然見到皮膚完整、毛髮繼續生長的殭屍。

(4)原因：

　　古今中外有不少民族，希望保存自己所敬愛的人之屍體，於是有「木乃伊」、「寒冰玉」，近代還有「藥物保存法」、「低溫保

存法」、「空氣隔絕法」等。而這種未用特殊方法而產生的「蔭屍」，據多次經驗大概可有下列幾種成因：①營建墳地時放太多太厚的白石灰。②選上好棺木質地厚，又擇日不佳，時間拖久油漆漆厚，才使屍體不腐。③墓穴葬深，空氣隔絕。

周建男表示，此種機率是七、八門風水就有一門是「蔭屍骨」或「蔭屍」，但如發現是張開大口的「蔭屍」，也不必驚慌，那是人剛死時，體內細胞因各種地質、空氣因素，仍有新陳代謝，張口是筋骨自然伸縮現象，也不會有「吃子孫」這種離譜的事。

(五)分辨：

「蔭屍」的形成，卻可從墓碑跡象來判斷，若墓碑天地角變黑或白灰色；墓碑中間和虎邊出現黑點；以及向西的墳墓，因西斜日毒，出現「蔭屍」的比例也相對增加。

2. 報載福建發現女兒村，此與該村土質、山脈、食物特性、生活習性有關，類似整個村莊的特色，我也考證過幾個實例。例如：

(1)村中多流氓：與山脈走向有關。

(2)陰盛陽衰村：與水局有關。

(3)墓中多蔭屍：與土質有關。

自古以來，風水就披上一層神秘面紗，有人也利用它為非作歹，如假扮妖魅陰謀財產，裝鬼復仇等等也時有所聞，蔭屍挖出之後，形象難看，家族中難保每人都一定健康，於是就把這種不好應驗，一下全算在蔭屍頭上，實在是怪力亂神的荒誕迷信了。

# 主題十一：農民曆

1. 農民曆是否可以做為日常生活的吉凶指標？
2. 農民曆中最重要的部分是指什麼？
3. 老一輩的人當年輕人要結婚時，常以農民曆做依據，如差三歲、六歲就不吉，是否可行？
4. 農民曆中最流行的是，把每人的命造秤斤論兩，命造是不是真有輕與重之別？

## ■古譚

中國時報報導：農民曆沿革。

「農民曆」從前俗名叫「皇曆」，正式的名字叫「時憲曆」，乃是由欽天監編製，再由皇帝聖旨頒行天下，民間不得私自編製刊行，既是皇帝欽定，在封建帝制裡，天子等同半神半人，是接通天地的橋樑，所以「皇曆」本身還具有神聖的威力，常被民間用來辟邪驅祟。

民間俗信，婚禮花轎未出發前，為免邪祟潛藏在花轎裡，就在轎中放一面銅鏡和一部皇曆，並在花轎四角各放一個蘋果，以保平安；而喪禮未大殮時，也習慣把一部皇曆和一面銅鏡放在亡人胸口上，以防屍變。據說，燈下談鬼怪事，有部皇曆放在桌上，就不會說鬼招鬼，忽然多出一位「沒有影子」的聽眾了；而李時珍本草綱目裡，亦寫說瘧疾發作之前，若將去年的皇曆化成灰，用米湯為丸，服下即可不發，至於功效如何？他神秘一笑，表示未曾聽說有人證實。

《中國民俗史話》一書，曾對皇曆的由來作過清楚介紹：「……曆書由欽天監編纂，皇帝欽命頒行……，乃是古老的傳統之一，書經堯典：『乃命羲和，敬授民時』就有了明確的記載……。」

一般而言，過去的曆書有官板、私板之別，官板照例由理問廳署刊行，所謂私板，則是民間依樣梓印，印成後仍由理問廳署鈐印，然後或出售，或由各區地保逐戶分送，而每戶人家必酬送些錢。

頒曆不僅頒行全國，還要頒給外藩，要外藩用朝廷制定的曆法和年號，叫作「奉正朔」，表示臣服。

一本皇曆實際象徵著皇朝的統治權，大清律規定私印曆書者斬。許多記載謀反叛亂情事的書中，常有叛黨私自造曆起國號的，《清‧錢泳履園叢話卷十四》妖言惑眾條記的：「嘉慶二十年八月十八日妖人方榮升就擒，自稱蓬萊無終老祖朱雀寶霞佛下降，……編造萬年時憲書，……以十八月為一年……以花名為官名……準備叛亂，事敗被捕，處以極刑。」他說，從前的人都很迷信，每當動亂時代就會有野心家，利用曆數之說來煽動民眾，為防患未然，歷代政府都禁止民間私習天文、私自造曆。

■今論

1.自由時報報導：星相理論中，沒有輕重之別。

新年將至，不少人開始準備一本新的農民曆，省陽宅教育協會理事長周建男指出，看農民曆應有正確法則，像大家以八字合計幾兩重來論命，以生肖來配婚嫁都不適用。

農民曆是中國老祖先傳下的一套囊括曆法、節氣、風水、命理等學問的曆書，現代的農民曆除此之外，還加上了醫藥保健、生活小常識，以使內容更充實。省陽宅教育協會理事長周建男特別提供幾個看農民曆的法則：

⑴注意節氣：

例春季分立春、驚蟄、清明，這時期要了解國曆二月四、五日為立春點的分際，也就是說在國曆八十一年二月三日以前出生者，實際年干影響力，應按照八十年次計算；八十一年二月四日以後出生者，才按八十一年次計算，夏季分立夏、芒種、小暑，這個時期要知道夏至在農曆五月，秋季分立秋、白露、寒露，這時期

要了解霜降是在寒露期。冬季分立冬、大雪、小寒，農曆十一月是冬至。

(2)分辨十二值位：

農民曆中有所謂的「好、壞日」，其主要是以十二值位來分類，包括建、除、滿、平、定、執、破、危、成、收、開、閉。吉日包括建、滿、平、定、成、收等日，凶日則是破、危等日，如果有嫁娶，則先擇建日、滿日、平日、定日、執日、成日和收日，再配合自己的時間，選擇假日或有空閒之日即可。

(3)以「兩」論命已不適用：

命理是非常複雜精密的統計分析工程，在星相理論中，並沒有所謂輕重、幾兩的命元之區別，所以不能以「兩」來秤命的好壞。

(4)婚嫁不能以生肖，差幾歲來斷言：

在中國的婚嫁習俗中有地方風俗忌諱、年紀差異、生肖屬之別。在風俗忌諱中，以龍年結婚最受歡迎，因為可以生龍子；而在訂婚時，有一種風俗是把女方的八字放在神桌上，如果三天內沒有人生病、打破器物，才是吉祥，否則是不吉之兆。

又譬如說送定時必須用男方送女方銅戒（表同心）、石榴（表示多子），完聘時也要拿吉祥物，如香蕉代表「丁」，鳳梨表示「旺來」，柑桔代表「甘又吉」，結婚時，新娘衣裙中要帶鉛線代表「姻緣」，豆子表示「繁殖」，釘子就是「添丁」。

周建男表示，風俗忌諱雖然入境隨俗無妨，可是太計較就會變成迂腐且無實際效用。而在一般人存在男女差三、六、九歲不好的觀念，亦不正確，因為年紀並不會影響。此外，生肖配屬忌諱亦是不必要，生肖是採年干而定，如辛未年，「未」屬肖羊，三、六之數也是採年干法，而人的八字是四柱（包括年、月、日、時），取年柱就斷定一切吉凶便太武斷，也不夠精確，因此對生肖、年紀不用太考慮。

省陽宅教育協會理事長周建男指出，男女雙方婚姻應從下列十項來考慮：(1)個性特色是否合適(2)容貌形性是否搭配(3)愛情觀念是否一致(4)

雙方身體是否健康(5)雙方共同興趣的傾向(6)雙方擁有的才能技藝(7)雙方認同的宗教信仰是否相同(8)職業財運是否相配(9)雙方家庭社會地位是否相當⑽家庭有否阻力等等。而不是膚淺地認定差三、六歲或生肖配屬。因為真正的吉凶，是按個人命盤而定，不是由「吉凶日」決定。

2. **聯合報報導：拿起農民曆，先看五黃位置。**

農民曆是銷路最廣的書，拿起農民曆最重要看什麼？大學教授周建男表示，看九星圖的五黃位置，這個位置會顯示今年什麼方位不能動土，可以免除災禍。

周建男應邀擔任新竹市環境教育研討會講員，從「現代陽宅學」觀點，為竹市國中小學校長、主任，開了另一個視窗。

周建男表示，農民曆九星圖中，五黃位置每年遷移，顯示當年某個方位忌動土，按圖可知八十年是北方不能動土，八十一是西南方，也就是以屋子主人房宅為中心，它的西南方不能動土。

由於下年度國教經費多，學校硬體設施不斷增加，周教授建議學校在施工時，能注意這一點。

他舉實例說，去年造橋車禍和華航飛機事件肇禍原因，都是司機和華航修護廠正北方位動了土所致，周建男和他的學生曾實地踏訪，得到驗證。

在桃園中正機場海關大樓工作的保警第三總隊二中隊副中隊長楊明哲隨周教授研習陽宅，他說，華航飛機維修廠正北方，中正機場正開挖一棟建築地下室，是否與華航飛機事件有關，一般人會認為機件出問題，陽宅學界卻看出端倪。

周建男表示，從許多案例顯示陽宅這門中國學問，擁有相當的科學性，事實上也運用到統計學技術，如果一般人能多作考量應可作預警，應可免於部分不必要的損失。

# 主題十二：春牛圖

> 1.農民曆開頭都有一幅春牛圖，其意義及內容是什麼？老一輩的人談到把春牛圖供奉在神位處膜拜，小孩子容易開智慧，有這回事？
>
> 2.自古以來，大家都把牛當作聖物，阮公啊有交待，不能吃牛肉，對或不對？
>
> 3.牛是聖物，那在教師節祭孔大典時，大家都去拔智慧毛，拔到的人是不是冥冥中會增加智慧，有利功名？

## ■古譚

春牛與芒神軼聞。

1.意義：

(1)春牛：春天耕種的牛，引申為：在春天鞭打牛隻，表示開始春耕。

(2)春牛與芒神喻：預測天氣狀況。

　　　古代立春當天，上至皇帝，下至官員，都要舉行「迎春、鞭春」大典，何謂「鞭春」？即鞭打春牛，皇后及地方官在這一天，都會親自鞭打春牛，表示即將勤奮春耕，皇后又會下田與百姓一起耕種，以示勸農民勿偷懶。

　　　後來漸漸沿習演進，終至有人在春牛圖下加上廿四節氣，成為一張簡單的月曆，賣給農民，教他們貼在牆上，大家隨時參考。

2.內容：

(1)高度：牛高四尺，代表四季。

(2)長度：

①身：牛長三尺六寸身，代表一年的三百六十日。

②頭：頭至尾共長八尺，代表「八節」，即春分、夏至、秋分、冬至、立春、立夏、立秋和立冬。

③尾：尾長一尺二寸，代表十二個時辰，即子、丑、寅、卯、辰、
巳、午、未……亥。

(3)顏色：

①牛色以當年天干地支爲分：如戊戌屬土，牛便是黃色……。

②頭、角、耳色用當年天干：如戊戌年，戊屬土，則頭、角、耳皆
黃色。

③身用當年地支：如戊戌年，戌屬土，土色爲黃，則牛身爲黃色。

④蹄、尾、腹色用納音：如戊戌納音爲木，木爲青色，故蹄、尾、
腹皆爲青色。

(4)牛索：孟日（寅申巳亥日）用麻、仲日（子午卯酉日）用苧、季日
（辰戌丑未日）用絲。

(5)製造：

造牛的水，以冬至節後辰日於歲德方取水土：甲年到東方取、乙年
到西方取、丙年到南方取、丁年到北方取。（牛非真牛，以泥和水
捏成。）

(6)芒神：

①代表：芒神是指站在春牛旁的農人。

②頭髻：頭髻用立春日納音來分：金日平梳兩髻在耳前；木日平梳
兩髻在耳後；水日平梳兩髻，右髻在耳前，左髻在耳後，土日平
梳在頂頭上。

③樣貌：芒神的樣貌：老、少以立春來分，子午卯酉的日支，爲
壯；辰戌丑未日支，爲幼；寅申巳亥日支，爲老。

④身高：芒神身高三尺六寸，爲一年三百六十日解。

⑤柳枝：手拿柳枝，長三尺六，亦作三百六十日解。

⑥服飾：鞋、褲、行纏以立春納音來分，納音逢水或火，鞋、褲、
行纏全無。納音爲土，則著褲、無行纏、鞋子。逢金或木，則繫
行纏、鞋、褲，金行纏左闕，懸在腰的左方。

(7)特色：

傳聞芒神若赤腳則表示該年多雨，芒神戴紅色的帽子是表示該年有天災，其可信性有，但並不太高。

3.圖示

■今論

**自由時報報導：增進智慧拔牛毛無啥路用。**

祭孔大典後的拔智慧毛，一直是民眾樂此不疲的活動，究竟拔智慧毛是否就會增進智慧？省陽宅教育協會理事長周建男指出，增進學生智慧與拔牛毛毫無關係，卻跟居住宅第的文昌位置有關，文昌位必須保持乾淨、清爽，萬一該位置被污穢，可置一電蚊燈改善。

今年是至聖先師二五四一週年誕辰，教師節當日各地舉行祭孔大典後，所備太牢之禮的黃牛毛，被民眾亂剪亂拔，這種現象年年都有，據聞智慧毛可以增進智慧，其實增進學生智慧，和每年一度祭孔的牛毛毫無關係，卻與居住宅第的文昌位置有關。台灣省陽宅教育協會理事長周建男指出，一個空間對人類行為的影響，除了氣流、溫度以外，還有波長，波長也分成吉波和煞波。

　　讀書的地方，需要空氣清新，溫濕度比例調和，這樣才能增進理解力，加強記憶力，這種環境是讀書取正確的位置。在陽宅學上，最適合讀書的位置，稱為「文昌位」。

　　文昌位是清高之處，兒童的書房、臥室，如果正好在文昌位上，接受文昌潔淨波長的薰陶，對功名課業有絕對的好處，萬一廁所設在文昌位上，稱為「污穢文昌」，將會影響兒童的理解力、判斷力和記憶力，而影響最大的年齡層在國中二年級及高中二年級這兩個時期。

　　周建男舉一實例，有一個朋友的小孩，唸小學時功課很好，也很認真，但升上國二後，功課突然一落千丈，每次父母叫他讀書，他就會趴在桌上睡覺，好像變得很愛睡覺，而如果打電動玩具，則又生龍活虎。經過鑑定，才知道是陽宅的文昌位受廁所污穢，因為廁所不潔的穢氣射線影響，形成不良後果。

　　由此實例可知，人類聰明智慧，除了先天的差別之外，後天的食物習慣、陽宅文昌位置都有直接關聯，而拔一根牛毛（智慧毛）是無法增進智慧。正因為文昌位有重要影響性，故必須注意兩件事，一是氣流應保持凝聚性，整潔性，才能以此處氣流蔭助磁場，因此最好不要在文昌位上開太大的窗戶形成氣散。二是在文昌位上可放置少許綠色的盆景，以利光合作用，產生吉祥清爽的磁波。

　　萬一文昌位被污穢了怎麼辦？周建男表示，可在馬桶旁、水箱上，加掛電蚊燈，並在側面牆壁加掛盆景及香水，以吸收化解不利射線和穢氣，但是電蚊燈應廿四小時開放，效果才會顯著。

　　最後各位可以瞭解：

　　「春牛圖」是風俗的代表象徵，「牛」是動物，不分聖物或非聖物，吃牛肉是風俗上禁忌，不會影響吉凶，拔牛毛也是風俗項目，更不可能藉此獲得智慧。

# 第六篇　靈魂探討

## ────講座焦點────

　　靈魂學是嶄新的探討主題，宅內的神、祖先、信仰的宗教等都與靈魂學有密切的關係，到底「正信」與「迷信」的分界何在？

# 主題一：利用靈異

1.有目的來利用靈異神威，以遂其行。

2.把一些神奇的巧合，看成過度奇異，造成困惑及愚弄。

3.貪慾如海，祈求神祇，稍不如願，把神像毀壞、拋棄。

## ■古譚

1.自由時報報導：莊亨岱聽「冤情」，一探靈異傳奇。

警政署長於八十年九月十三日夜，查訪失蹤三年的婦人吳瑞雲娘家欲離去時，他背後的煙灰缸無形被擲在地，裂成碎片。

據吳瑞雲娘家的人表示，湯匙也常在家中飛來飛去，有時酒杯也自動從桌上騰空飄起來，然後摔在地上，變成殘缺不全，其家中認為這是冤魂激情。

2.中華日報報導：疑嬰靈作祟，要求黨部主任祭拜驅邪。

名間鄉新厝村茶農陳存熊，「發現」茶園內埋著一具女嬰屍體，堅稱由於女嬰不瞑目，害他一直不舒服，要求該鄉國民黨部主任林蔚庭等人備妥素果，冥紙替他祭拜嬰靈，化解邪氣，一夥人在茶園挖掘後，未發現任何東西，大家「虛驚一場」。

今年七十四歲的陳存熊，在名間新厝段四一○之一地號種茶與檳榔，他指出大約三月十五日左右赴茶園鋤草，在兩列茶樹間突然感覺地下似乎埋著什麼東西，附近土質鬆軟，且蒼蠅羣聚在該處，據他推測應該是附近一名婦女有孕，月前已告生產，均未見有嬰兒，想是孩子出世即夭折，埋在他的茶園中。

陳存熊指出，翌日開始他即感到身體頗為不適，精神恍惚，甚至發生不記得自己家茶園的怪事，上星期他不斷打電話給國民黨名間鄉黨部，要求派員為他祭拜嬰靈以安魂，昨上午，林蔚庭主任及專員張世

淦、陳俊龍備了冥紙，如約抵陳的茶園祭拜，希望保平安，管區崁峯派出所聞訊也派員張文懿趕抵了解情形，陳存熊堅持「地下有東西」，還請來「土公仔」在茶園挖掘，結果並無所獲。

林蔚庭主任表示，陳存熊多次向黨部要求，為使老先生能安心，黨部願意為民服務，事實上，身為地方黨部的主管，經常要做令人「無法理解」的服務已不足奇，林蔚庭有次甚至還管「拿耗子」的事，一名婦人為家中鼠患所困，要求林主任去除鼠害，林蔚庭照樣服務到家。

3. 自由時報報導：雲林一乩童，死而復活記。

雲林縣莿桐鄉鄉長陳振恭的表哥蔡森龍，本月十七日因病自然「死亡」，不料，「死」了半天，卻突然「回魂」過來，白布下「蠕動」的「屍身」，當場把正在為他燒「腳頭金」的家人嚇得半死，身體已康復的他昨天暢談「死亡」經驗，並為自己因衣服穿不對而不能登入「仙籍」頗感遺憾，村人則對他的「死去活來」嘖嘖稱奇。

在莿桐鄉興貴村法子宮擔任四十餘年乩童的蔡森龍，據其家人表示，他與神特別有緣，家人曾因他已年居六十歲，反對他再從事乩童一職，不料，反對的人在切菜及鋤草時，都險些切斷了拇（腳）指，因此也不敢再堅持反對。

本月十七日，蔡森龍向家人表示，法子宮的神明托夢給他，表示他「時限」已到。不料，後半段神明要他死後不能穿「壽衣」要穿「龍袍」的指示，尚未向家人說完，就突然「斷氣」。

其家人依照傳統習俗為他覆蓋白布，燃白燭、燒冥紙，不料，蔡森龍在「暫時停止呼吸」了半天後，突然「死去活來」，爬出覆蓋在屍身的白布，當場把正在為他燒「腳頭金」的家人嚇得半死。

蔡森龍表示，他原先是要去「做仙」的，不料，因家人弄錯，替他穿上「壽衣」而非「龍袍」，害他被推回陽世，可能是他的「仙緣」未到。

4.聯合報報導：觀世音選廟地。

　　彰化縣竹塘鄉慈航宮建廟的經過，有一段神奇的傳說。

　　民國七十一年四月廿日，一輛小卡車運載一尊新雕刻觀世音菩薩神像，從板橋市南下，到雲林縣台西海埔地，取海水開光點睛，隨引菩薩神靈入身，儀式完成後，將菩薩神像請入神龕，然後用大繩索紅綾堅牢綑住，送上小卡車，循原路線經西螺欲返板橋市北海寺。

　　途中，小卡車不知何故折返中央公路行駛，經過竹塘鄉時翻覆路面兩公尺深的稻田裡，神龕壓碎在車底，菩薩神像拋出車外兩丈遠左右，不偏不倚坐在稻田中，車內坐著大人及小孩三個人都安然無恙，一時圍觀者人山人海，異口同聲連連稱奇。

　　後來北海寺人員認為菩薩選定此處為顯靈之地，即請菩薩神靈留於此，才將菩薩神像迎回北海寺，鄉民第二天早晨到雲林縣麥寮鄉，雕刻菩薩金身一尊，安放原處接受信徒膜拜。

　　當時慈航宮設備簡陋，祇用一塊帆布遮雨蔽日，雖然如此信徒一日比一日增多，燒香獻金紙，堆積有若小山。信徒詹子文看到這種情景，深感冥冥之中神明主宰一切，無條件捐出菩薩顯靈這塊地，共六百坪左右，信徒義務勞動填土，不到兩天半時間完成整地。

　　慈航宮興建過程中遭受波折，最困難就是建廟用地原編定為農業用地，受法令限制變更地目用途十分麻煩，籌建委員會幾經奔波無方，並不灰心，在前任鄉長劉樹林全力支持下，終於完成合法變更手續。施工期間信徒不分男女、自動自發、分工合作，使主體工程進行順利，並提前完成。

　　慈航宮雄偉壯觀，是地下一層、地下四層的建築物，占地六百坪。自民國七十一年動工興建以來，歷經七年時間完成第一期主體工程，所需經費由全台各地信徒捐獻。慈航宮這兩年收購廟前廣場，作為停車場、興建公廁、修築宮牆，設施日益完善。從一片稻田成為今日竹塘鄉的宗教聖地，信徒有錢出錢有力出力的奉獻精神，確實感人。

5. **聯合報報導：四十多尊神像，為何落難？疑係賭徒不獲庇佑，棄置路旁。**

　　高雄縣路竹鄉新生路與環球路口南側，即台糖公司新園農場辦事處對面路邊，昨天被發現有人運了四十多尊佛像丟放在現場，並用紙箱包裝好，使當地住民感到可疑，是否因六合彩賭徒輸了錢，認為這些神像不靈，氣憤之餘將其丟掉？或有其他原因？一時議論紛紛。

　　被棄放在路邊草叢的這些落難佛像，經好奇民眾打開包裝紙箱，發現大部分是新塑造的，有的並經過開光點眼，分別有觀音菩薩、媽祖、土地公、太子爺、唐三藏等栩栩如生的佛像與神像，引來不少民眾圍觀，但因這些佛像來路不明，沒人敢任意拿走。

**■今論**

l. **自由時報報導：背後飛來菸灰缸，疑為靈鬼作祟。莊亨岱不信邪，專家說究竟。**

　　本報日前刊載警政署長莊亨岱，前往失蹤三年的婦人吳瑞雲家中探查，臨走前背後飛來煙灰缸，究竟是否真有靈異顯像一事，省陽宅教育協會理事長周建男指出，靈異現象確實存在於世界中，但必須借助人的手及其他力量，才可以顯現，絕不會讓器物自動亂飛。

　　警政署長莊亨岱因為七十七年間轟動一時的姚正源、吳瑞雲案件，在膠著三年中一直有種種靈異傳說，故於本月中旬夜間前往探個究竟，在吳婦家屬禱告時，靈異現象都未出現，卻在莊亨岱轉身離去時，器皿從背後飛來摔破在地，當時莊亨岱並不相信這真的是冤魂現身。

　　究竟有無靈異之象，周建男認為可從四個方面來了解，第一是從風俗方面來說，我國和世界各民族的先民，幾乎都相信除了我們生活的物質世界之外，另外還有一個以精神狀態存在的世界，居住著地位不同的神祇、歷代的祖先靈魂以及精靈鬼怪，對於這個無形的世界，我們就統稱為靈界。

　　第二從特質方面來談，人類的生命就像一部電腦，有軟體和硬體，俗稱「三魂七魄」的就是軟體，「肉身」則是硬體，維持硬體的是肉眼

可見的各種物質，影響軟體完整的就是七情六慾的精神因素，軟體（靈魂）能夠適應在各個健全的硬體（即肉身），恰如電腦的使用，因此就可能會有換魂及附身的情形。

第三從溝通方面來說，我國歷史久遠，且民俗文化亦頗悠久，自古就傳下來與各種靈界溝通的方式，像香爐發爐、託夢轉達、靈媒附身、觀靈法術、占卜方式、扶乩跳壇、碟仙筷仙等。

第四從實際方面來說，在靈魂學中把宇宙空間視爲 XY 坐標的無限延長，其中包括點、線、面、體四大空間存在，點的空間包括花草樹木，它們也能以特定頻率來溝通聯繫，只是無法測知其射波，線的空間是生物生存的環境，像人類、動物，以直線前進，各有連絡的波長和生存條件，面的空間就是鬼的存在環境，鬼的活動是面的移動，至於體的空間能量更高，就是神佛存在的空間，祂們的活動是以立體的移動。

每一個空間，都應依據自然界有規律的磁場平行存在，不能脫離自然軌道而接觸，尤其是能量低的空間，被能量高的空間接觸，是極危險的脫序行爲，如人被靈異所附身，稱之爲「沖煞」，是不正常的。

周建男肯定靈異現象，但是靈界要傳達訊息，必須要藉物，即附在人身上，或附在物品上，前者如靈媒、乩童，後者像碟仙、筷仙等。此外也得考慮體質問題，有靈媒體質才易附身。

有一點特別要強調，不同能量依附在物品上，使物品離開原來位置，若沒有人體的能量絕不可能的，例如碟仙是靈異能推動碟子，如果沒有人的手去亂摸扶持，也無法將精神能量轉化成物質能量。

2. 自由時報報導：保有平常心，不受靈魂能量影響，過度將其神化，徒增煩惱。

南投縣名間鄉一位老農民，懷疑嬰靈作祟而身體不適一事，經報導引起一片靈魂熱。省陽宅教育協會理事長周建男認爲，鬼魂存於我們不同次元的空間領域中，藉體與人類溝通，人類毋須過度將其神化，也應常持平常心，以減低靈魂能量對人體的影響。

「鬼魂」一說存在於東方，也存在於西方。佛教「心地觀經三」曰：「有情輪迴生六道。猶如車輪無始終。」佛教把人類的死亡靈魂分成六道輪迴。不過論語說：「子不語怪、力、亂神」「未知生、焉知死」，儒家學者尊奉孔子這種存而不論的主張，自然對怪力亂神的學說有所避諱，在儒家的學術成果中，靈魂的論證是空白的。

省陽宅教育協會理事長周建男指出，在美國有一名神經學專家研究一名精神病患，發現他有時忘記自己的思想、沉迷在繪畫天地中，幾個小時清醒後，全然不知自己做過什麼，而他的圖畫，在藝術協會展覽場中，卻被發現神似已故畫家祈里福之作品，因此被懷疑是祈之鬼魂附身作畫。

從東西方文明來看，對鬼魂說一直沒有定論，不過周建男認為生命無可置疑地是毫無間斷的連續，人類死後從 A 磁場進入另一個 B 磁場，也是另一個生命的連續。

周建男指出，不管宅第或人體，都是一個空間「場」，場中存在著許多複雜的電磁波，如人體某部位的電波與外界的溫度波、空間波、輻射波不協調時，就會產生許多病痛，人體脈動的能量、神經電質的傳導、血液電位傳輸的功等，都有放射的能。假使某人對於這種特殊的電磁，能敏銳地感受並分辨吉凶好壞，就是所謂的「天眼」，但是這種人，數萬人中得不到一個，如果能有計劃栽培，對人類也是一大貢獻。

針對民眾對靈魂學的迷惑，省陽宅教育協會理事長周建男提出以下建議：

(1)靈魂的磁場是干擾的能量，他和我們細胞原子核的電位波長不同。

(2)靈魂藉體附身，但記憶力並不完全，我們不必對靈魂過度神化，人類對未知的領域，常賦加其神秘色彩，但是如果過度追求，反而迷失本性。

(3)情緒不要極度的喜、怒、哀、樂、憂、懼、悲，常保持平常心「因為情緒失調，靈魂能量對人體的影響，將相對增加。」

# 主題二：證實靈異

1. 靈魂學的研究領域中，經證實有鬼魂，到底什麼情況才是真正鬼魂附身。
2. 鬼魂附身時對當事人會不會造成傷害？
3. 「寃魂索報」這種事情，是否真正存在？還是傳說中的傳說？
4. 除了一般人類靈魂之外，其他動物類靈魂是否也存在？也會附身作祟？

■古譚

1. 聯合報報導：厲鬼纏身？少婦仰藥自盡。

鬼魂纏身，逼迫少婦服毒自殺？彰化縣溪州鄉昨天傳出一件令人難以相信的意外命案，但在北斗警分局的報驗資料中，是以誤喝農藥結案，成為鄉野奇談。

自殺身亡的少婦，姓鄭住溪州鄉西畔村，丈夫姓鐘，因婆婆最近臥病，四處求醫沒有起色，改到附近廟宇求神，最近經乩童作法「指點」鐘家有鬼魂作怪，乩童開了十多張符咒，要鐘家人每天要燒一張符咒避邪，否則會有人遭厲鬼抓走。

鐘家人說，家人每天按時燒符咒，同時守著臥病的老母，深怕被鬼擄走，鬼魂無法向鐘姓居民的母親下手，轉而對付他太太——鄭姓婦人，昨天上午鄭女突然發出男人的尖叫聲音，進而拿農藥喝下兩口，他丈夫發現欲奪下手中農藥時，鄭婦叫丈夫不能靠近，否則要整瓶喝下，使鐘姓居民不敢貿然施救，一直等到太太中毒倒地，才將她送北斗鎮卓綜合醫院急救，途中鄭婦又變回原來聲調。

鄭姓婦人對丈夫說，是厲鬼抓住雙手，硬逼她服毒，她無自殺之意。聽者均不寒而慄，鄭婦送醫後因中毒太深死亡。

　　警方處理這件自殺案時，也聽到死者家人有關鬼魂逼人的描述相當驚訝，認爲在科學昌明的今天，鬼魂纏身之說令人難以相信，最後以誤喝農藥死亡，已經檢察官相驗完畢。

2. 自由時報報導：手中香柱突折斷，夏姓少年嚇得發抖。

　　警方人員昨天透露指出，涉嫌預謀洗劫父親錢財，並打傷父親致死的少年夏×喜，係在給父親靈位上香時發生玄奇事故，才會讓舅舅發覺有異而逼問出實情，可見舉頭三尺有神明，犯錯隨時有報應的。

　　員警指出，當夏姓少年由親人陪同自首後，他們在偵查中發現一些玄奇的變故。夏×喜坦承於十一日將實情告訴和父親分居的母親，但死者妻子得悉真相後卻未告訴警方。隔天，夏×喜給父親靈位上香時，手中的一柱香卻突然從中折斷，嚇得他不停發抖。

　　夏童的舅舅見狀，覺得內有蹊蹺，遂直接逼問他是否知道自己父親的死因。受到驚嚇的夏童以爲父親鬼魂返回，始和盤說出實情，並由舅舅陪同自首。

　　員警指出，若不是夏童自首，此案要找出線索偵破並不容易，可見冥冥之中有天理循環。

3. 聯合報報導：焚香祭亡魂，「發爐」現異徵，莫非有所指？重赴火場搜尋，球館又挖出焦屍。

　　警方昨天在中和市自強保齡球館三樓火場，又發現一具被燒焦的男屍，使火災死亡人數由十九人增爲廿人。

　　昨天發現的男屍是被倒塌的屋頂鋼板遮住，死者身上的遺物，包括一副金邊眼鏡，一串有八把鑰匙的鑰匙圈，鑰匙串上還有一把折疊式的小剪刀，以及一枝滾轉式原子筆、一個燒焦的呼叫器、一本小筆記本殘渣。

　　中和消防分隊昨天發現這具焦屍後，使得警方無法確定倒塌的鋼板下是否還有屍體，警方將請示檢察官後，僱工人把鋼板拆除，徹底搜索火場。

警方在十一日清晨火警撲滅後，清點現場屍體時，因有一具屍體和倒塌的柱子在一起，旁邊又有一顆燒焦的保齡球很像人頭，一度以為死者共廿人，後來確認是十九具，不料昨天又發現一具，死亡人數增至廿人。

警方昨天發現屍體的過程「很玄」，中和消防分隊在火警後忙了好幾天，認為火場一下子冤死十九人，消防隊員首先進入火場看到屍體，應依習俗超渡亡魂。昨天下午一時卅分，大家在中和消防分隊車庫旁擺起香案祭拜，不料香爐因香太多突然著火，這種民間稱為「發爐」的現象，習俗認為是有所「指示」。

當時也在消防分隊的永和民眾黃德金（四十二歲），懷疑失蹤四天的兒子黃雲長（十五歲，永平國中三年級學生），可能也葬身火窟，即說「發爐」可能是指示火場仍有冤魂未被發現，消防分隊長林文山即交代隊員再赴火場搜尋。下午三時卅分消防隊員在火場三樓倒塌的屋頂鋼板下，發現一具男焦屍。

黃德金前往現場指認，認為死者不是他兒子。警方昨天下午已把焦屍送到殯儀館存放，到昨晚尚未查出死者身分。

4. 自由時報報導：祈求考運佳，請文昌君幫忙；請神儀式特殊，桌子自轉顯靈，令人稱奇。

考季將至，許多考生及其家長都想盡辦法求神助其有好考運，膜拜文昌帝君外，更有家長請高人為其請來文昌帝君神靈，當神靈到來，倒立的桌子居然自動轉動，且愈轉愈快，令人嘖嘖稱奇，據請神的周建男指出，此舉可助考生增加二成考運。

每年一近考季，供奉文昌帝君的廟宇，必定香火鼎盛，准考證下來後，更出現准考證排滿供桌的奇景。但是如今愛子心切的考生父母，更進一步行動，請高人為愛子實際接觸文昌帝君神靈，考運會更佳。日前記者即親眼目睹這一幕請神實況，確實看到桌子由不動到自動轉動。

請文昌帝君不是任何人、任何地點都可以，據請神多次的省陽宅教育協會理事長周建男指出，請文昌帝君的要件，是清靜、有供神明的場

所，且要有厚實的八仙桌。而考生及協助之人，不可以帶孝，三天內未幫過喪事，女生不能是月事來臨者。前述條件具備後，周建男以一隻碗置於地上，八仙桌放在碗上，四腳朝天，以咒語、手印等手續，請文昌帝君降臨在八仙桌的四個角落。以八仙桌四角落來感受神的能量，主要把不同次元空間神靈的精神能量，轉變成同次元空間的物質能量，讓此能量產生的力，推動八仙桌。

準備應考的考生，以手輕輕摸八仙桌其中一腳，主要原因是神靈能量不會直接接觸到人的身體，必須要藉物才行，而且如此不會受靈波干擾，高靈也不會附身。考生在摸到桌子後，就等於被神力直接助佑，可得到最直接的觸機感應。

當周建男請到文昌帝君降臨時，按著四腳的四個人包括考生在內，會被一股自然力量推動，跟著桌子轉動，桌子會隨著周建男口令，轉動得快一些。可是考運和實力皆不好的人，桌子不但起動得慢，且很可能不動，即使有心想幫也沒有辦法。

據周建男表示，文昌帝君降臨是暗中的靈助，幫助的概率是二成，對於考運、實力介於中與不中之間的人，最有助益。不過，考運是要和實力配合，三分考運，七分實力，文昌帝君只幫助考運部分，因此完全不Ｋ書的人，請神也無效，天下沒有不勞而獲的事。

請神降臨，八仙桌轉動數圈，甚至十多圈之後，會慢慢停止，考生和協助他摸桌子、本身是文職或考運好的另外三個人，即可退下，由周建男負責送神。

周建男寫一張符以火燒化，恭送神靈返回天界，此步驟絕不可省，驚動神後，一定要請祂回原位才行。

請過文昌帝君的考生已有多名，效果聽說都不錯，記者目睹的這一名考生，則必須等今年放榜才知道。

據了解，文昌帝君指的是文昌星及文曲星，自古相傳是主宰文人命運之星；道家認為五帝命梓橦帝君，主理文昌府，專責管人間功名利

祿，所以在習俗上，不論在書房中供奉文昌、文曲帝君，或梓橦帝君或儒教的孔子神像，都可祈求專管文事之神，降臨書房保祐功名。

5. 台北之夜 57 期報導：祖父鬼魂附身，孫女精神恍惚；二十男鬼追求，糾纏少女不放。

　　陸小慧原是活潑健康的少女，長得清秀可人，自從民國八十年祖父過世後不久，精神開始恍惚，有一天祖父附身，表示子孫所燒的紙錢被搶光，沒有衣服穿好冷，家人隔日即燒了一堆紙錢，小慧精神略為好轉，但是不出數日，家中出現鬼影，小慧常見到鬼現身，後來就被一女鬼附身，女鬼是因被廿個男鬼追，心生害怕躲到小慧身上。小慧被附身後，精神恍惚，沒辦法專心讀書，四處求醫、求神，藥石罔效，後來經人介紹找到省陽宅教育協會理事長周建男，才為她趕走了眾女鬼、男鬼。而在「捉鬼」過程中，才知道鬼兒也會有愛戀情欲，當場目睹這一幕的人，都表示首次看到這麼多鬼兒，也第一次聽聞陰間的男歡女愛之事，莫不嘖嘖稱奇。

　　　　祖父鬼魂附在孫女身上，責備子孫燒的紙錢不夠。

　　十五歲的陸小慧，是國中三年級女生，可愛聰穎是父母的掌上明珠，功課一向不錯，也乖巧聽話，可是去年她的祖父過世後，她漸漸地發生改變，人變得恍惚呆滯，情緒不太穩定，而且唸書無法集中精神，家人都覺得奇怪。

　　有一天小慧突然神色一變，表情也變得老成嚴肅，而且聲音變粗、變老，並且開口說話：「你們燒的紙錢不夠！」小慧的父母一聽大吃一驚，因為那聲音就是過世老父的聲音，神情也酷似。陸小慧的父親結結巴巴地問：「不是燒很多給你，怎會不夠？」附身在小慧身上的老祖父回答：「你們所燒的紙錢被搶光，也沒有衣服穿，好冷啊！」陸父立即應允再燒錢和衣服給他，第二天全家燒了一大堆紙錢後，說也奇怪小慧就恢復正常。

**女鬼又來附身精神恍惚，全家頓陷愁雲慘霧之中。**

陸家恢復正常生活不久，卻馬上又有奇怪事情發生，家人經常看到鬼魅，小慧的弟弟曾四次看到鬼兒現身，留長髮穿藍色衣服，嚇得陸小弟哇哇大叫，家中一片恐怖，小慧的精神又開始恍惚，父母眼見女兒愈來愈不對勁，心急如焚卻也不知如何是好？

過了數日，小慧突然開口說：「你們不用怕，我不會害你們，我只是沒有地方住，沒錢可花，借住這裡一下！」陸家大小一聽就知糟糕，又有鬼兒來附身，且是女鬼，而小慧本人卻不太清楚，人開始變糊塗。

在女鬼開口說話之後的日子中，小慧整個人變得呆滯，功課退步，讀書沒辦法專心，每天魂不守舍，而且身體會不由自主地抖動，好像著了魔一樣。同學們看小慧變了個樣子，議論紛紛，說她發了瘋，也有人說她中了邪，鄰居也都認為她神經有問題。陸家籠罩在痛苦悲悽氣氛中，陸母尤其不能吃睡，帶著小慧四處求神，也去看醫生，可是各種說法都有，藥物也試了不少，小慧還是無法恢復正常。

小慧身心備受煎熬，還得承受別人異樣的眼光，經常在房間悲泣，才十五歲的花樣年紀，卻已有了不想活下去的念頭，家人小心地守著她，同時也得忍受撞見鬼的恐懼，家人知道有鬼魂飄來盪去，雖然害怕卻無計可施，無不感到沮喪失望。而家人綜合小慧弟弟四次看到鬼魅的所描繪出的形象，都是長髮、藍衣、青白光、身影輕飄移動，無法見到腳，有動作、臉部模糊。

**向周建男求助驅邪趕鬼，水晶球中魑魅無所遁形。**

陸母為了家中遭到如此的變故，日益消瘦，背著小慧也常常掉淚嘆氣，心想如花似玉的女兒就此完蛋，做母親的情何以堪？日子在嘆氣中過去，一個多月以後，陸母的一個親戚到她家探望她，看她臉色極差，愁眉不展，追問其原因，才知陸家發生如此離奇之事。這個親戚認為事情不簡單，可能是小慧被鬼附身，遂答應代為請教她的老師，也就是省陽宅教育協會理事長周建男。

　　周建男聽了這名學員的敘述後表示，小慧經過祖父附身之後，天眼已被靈異磁波強力打開，天眼一開就可以見到陰間魂魄，如同收音機裝上另一根天線，以接收不同頻率的波長一樣。該學員立即和陸母聯絡，讓她帶著小慧來找周老師，爲她趕走這些鬼魅。

　　陸父、陸母當晚即驅車扶著小慧，找到了周建男的家，請他捉拿這些鬼魂。小慧被扶進門時，整個人昏昏欲睡，精神不濟，周建男請她進靜室時，她的手指不停地抖動，幾乎不能控制，周建男見狀指示她雙手合十，眼觀鼻、鼻觀心，意念集中，讓鬼魂附在其身上，才能與之溝通。爲了觀看鬼魂所言是否屬實，周建男並且拿出了水晶球，使鬼魂無所遁形，以下即是「捉鬼」、「趕鬼」的對話實錄：

　　　　　十分鐘後有一嬰兒出世，燒符咒交女兒帶去往生。

周　：（知道鬼魂已來附身）妳叫什麼名字？妳要開口說，還是要用筆
　　　寫？（小慧手伸出要拿筆，周拿了一枝筆給她。）

小慧：我叫春夢（以寫的方式）。

周　：妳爲什麼要附身在她身上？

小慧：（不回答）……

周　：妳要什麼我都準備送給妳，收到以後請妳離開。

小慧：我要很多錢！

周　：一千？（小慧搖頭）三千元（又搖頭）？那麼九千元好不好？（
　　　小慧點頭）

小慧：我還要房子、衣服、鞋子。

周　：房子用紙糊的好嗎？（小慧點頭）衣服要什麼顏色？（小慧寫了
　　　粉紅二字）高跟鞋好不好？（小慧點頭）

周　：錢要在那裡燒？

小慧（即春夢）：在她的房間燒（「她」指的是小慧）

周　：在門口燒好嗎？（小慧搖頭）可是那麼多錢在房間燒，會發生火
　　　災啊！（又搖頭）何時燒？晚上十一點燒給妳好嗎？（小慧點
　　　頭）

　周　：來這裡就是有緣，我佛慈悲，送妳去西天好嗎？（小慧搖頭）那
　　　　助妳往生好嗎？

小慧：不要！

　周　：建廟祭祀妳好嗎？

小慧：（考慮了一會兒）好吧！

　周　：妳會醫病嗎？（小慧搖頭）妳會出明牌？（搖頭）妳什麼都不
　　　　會，香火怎會鼎盛，我看還是助妳往生好了！

小慧：好。

　周　：現在我住的房子西側有一個嬰兒將在十分鐘後出生，家境不錯，
　　　　妳可前去往生，願不願意？（小慧點頭）往西邊妳知道嗎？（小
　　　　慧點頭）妳向前去不遠即可看到，找到那戶人家了嗎？（小慧搖
　　　　頭）好吧！我燒一張符咒，請土地公帶妳去。（小慧點頭）再過
　　　　十分鐘妳一定要去，否則就失去這個好機會。

小慧：知道啦！

　　　　　問起死因自承是被害死，算年紀已經一百廿四歲。

　周　：春夢，妳是怎麼死的？

小慧：（神情變得非常激動，臉上表情扭曲，用力地寫）我是被害死
　　　　的！

　周　：怎麼被害死！

小慧：不要問。（仍很激動）

　周　：好，妳不要激動，不要激動，妳可以告訴我，死時才幾歲？

小慧：十六、七歲。

　周　：現在幾歲了？

小慧：一千零六十歲。

　周　：（觀看水晶球一陣子）妳亂講！那有那麼多歲？

小慧：哈哈哈……

　周　：（再看一次水晶球）我看是一百廿四歲吧！

小慧：嗯！（頑皮的神情顯露於臉上）

　周　：妳在那裡附身於小慧身上？在外面嗎？（小慧搖頭）在家裡嗎？
　　　　（點頭）家裡的那裡？

小慧：走廊啦！

　周　：春夢，時間到了，妳趕快前去投胎。

小慧：我走了！再見！謝謝（揮手道再見）

　周　：不用謝！要離開喲！趕快走！

　　　（此時小慧全身上下抖動，春夢離開了，周建男喊小慧的名字，小
慧幽幽醒來，不知剛才發生什麼事，陸父進來將她扶出靜室，坐在沙發
上休息，可是不久小慧的神情又變奇怪，人又恍惚起來，周建男認為自
稱「春夢」的女鬼並未離去，於是又再扶小慧進入靜室。）

　　　　陰陽兩相隔莫糾纏留戀，妳再不走我就不客氣了。

　周　：春夢，說好離開，怎麼沒走又回來了？

小慧：我捨不得走。

　周　：不可以捨不得走，妳害她沒辦法讀書，被人當成瘋子，妳於心何
　　　　忍？快快離開吧！

小慧：我捨不得，捨不得啊！

　周　：妳實在很糟糕！到底要怎樣做妳才會滿意？

小慧：我要叫陸春夢。

（在一旁的陸父頻搖手，表示不願意，要周建男轉達。）

　周　：小慧的爸爸媽媽不同意，妳不能姓陸。剛剛要妳去往生妳不去，
　　　　現在怎麼辦？

（春夢以小慧之手，作出要還符咒之手勢。）

　周　：妳還我有什麼用？（小慧聳聳肩，表示不知道。）這樣好了，我
　　　　找一座廟讓妳棲息。

小慧：好！在那裡？

　周　：在南投。（春夢點頭同意）

　周　：（取出小棺木）春夢，妳現在進去裡面，我再挑個時間，帶妳去
　　　　南投。

小慧：什麼時候？

　周　：妳總要給我一段時間。（春夢進入小棺木，小慧趴在桌上，可是
　　　　又起身，春夢又附身拿起筆來。）

　周　：我不好意思用符咒把妳封住，妳怎麼又亂跑？現在妳能不能開口
　　　　說話？（小慧點頭）

小慧：我捨不得走！

　周　：唉！陰陽兩相隔，不得糾纏與留戀，妳再不走，我要對妳不客氣
　　　　囉！

小慧：我很害怕！

　周　：怕什麼？

小慧：有人在後面追我！

　周　：誰？叫他來附身溝通。

小慧：他的腳很奇怪，有人在操縱他。

　周　：（觀看水晶球）亂講，去找他來。

小慧：怎麼叫？

　周　：妳到門口引他進來，然後妳趕快離開，叫他附身。（小慧趴在桌
　　　　上，馬上又起身。）

　　　　看到美女就追會變豬哥，我送你往西方極樂世界。

　周　：你能不能開口？（小慧搖頭，周建男遞給他一枝筆。）

小慧：（以筆寫出）我不是春夢。

　周　：你是誰，報上名來。

小慧：姓陳！

　周　：什麼名字？（作思索狀隨即搖頭）你的腳怎麼了？（對方不答）

　周　：（再次觀水晶球）你喜歡開快車，腿撞斷的吧！（對方點頭）你
　　　　為什麼追春夢？

陳　（以下皆以「陳」代表）：我喜歡她。

　周　：看到漂亮的女孩子就追，不是要變豬哥鬼！

陳　：哈！我喜歡她！

周　：你知不知道，你追她讓她害怕而去附身別人，害那人無法讀書，
　　　還被當成瘋子。

陳　：她很漂亮，我真心喜歡她。

周　：你要跟春夢結婚嗎？（陳點頭）我問她願不願意，你去叫她來。
　　　（小慧又趴回桌上，春夢再度附身。）春夢，妳要和姓陳的結婚
　　　嗎？（搖頭）好，妳再去叫他來。（陳回來附身）

周　：她不願意跟你。

陳　：我真的喜歡她。

周　：結婚要有長輩作主，你父母死了嗎？（陳點頭）父親在陰間嗎？
　　　（陳搖頭）母親在陰間嗎？（點頭）找你母親上來。（陳點頭，
　　　陳母隨即附身。）

周　：妳叫什麼名字？

陳母：叫桂花。

周　：妳的兒子喜歡一個女孩子，但對方不喜歡他，你知道嗎？

陳母：有嗎？

周　：我代替妳管教好嗎？

陳母：怎麼管？

周　：我代替妳做主好嗎？

陳母：沒有關係，妳要怎麼管都沒關係。

周　：你我算是有緣，我送你去西方極樂世界好嗎？（對方點頭）

周　：（燒了一符咒給陳母）收到了嗎？（對方點頭）我請天兵神將帶
　　　妳去。

陳母：謝謝！（隨即不見，換了陳某附身。）

　　　　周建男圖關閉小慧天眼，不料此時即有邪靈進來。

周　：你老母叫我代她管教。（再看水晶球）你後面的那些人是誰？

陳　：我不知道？

周　：是你的朋友嗎？

陳　：不是！他們也喜歡春夢，想追春夢。

周　：你叫他們回去！

陳　：他們不回去。

周　：你們這樣不是跟流氓一樣，我帶你們去一處墳墓，那裡有人祭
　　　拜，又有吃，你問他們同不同意。

陳　：（轉頭作討論狀）有的說好，有的說不好。

周　：你去說服他們。

陳　：我講的他們又不聽，你自己去跟他們說。

周　：好吧！你叫另一個人上來。（另一鬼魂附身）

周　：（拿筆給他）你叫什麼名字？

林　：忘了！

周　：（觀看水晶球）是不是叫林賢德！（點頭）我帶你們去一處墳
　　　墓，你們討論看看！

林　：（轉頭討論）有的說好，有的不要。

周　：你比較凶，你去勸服他們。

林　：好啦！全部都要去。

周　：你們總共有幾個？

林　：廿個。

周　：你知道崇德路嗎？（林點頭）往北直走接文心路（點頭）右轉東
　　　山路，看到一個地下道，過地下道有一鵝肉攤，左轉進入就是公
　　　墓。（林點頭）你們先在那裡等我，全部都帶去。
　　　（周建男取出一個棺木，上書「林賢德」三字）

周　：我拿此棺木叫你們出來才可以出來，要認清楚。（對方點頭，隨
　　　即不見，春夢又附身。）

周　：（取出另一小棺木）春夢，你現在進入裡面，我再帶妳去南投。
　　　（春夢進入）
　　　（這個時候周建男試圖關閉小慧的天眼，可是卻有邪靈進來。）

周　：妳是誰？

鬼　：我是桃花女（此妹以筆寫了之後，雙手微作蓮花指，從左到右，
　　　再由右到左比劃，故作妖媚狀。）

周　：妳趕快走，少來胡鬧！

　　　（周建男以法術趕走她，又進來一個鬼附身，小慧臉變猙獰，手
　　　一直拍桌子，周老師從小慧的八字及水晶球，看出是一千多年的
　　　鬼王。）

　　　符咒法術打散鬼王能量，小慧清醒從此恢復正常。

周　：你這個鬼才修行一千多年，有什麼好凶，快走！

　　　（鬼王不搭理，周建男以符咒法術，打散其能量，鬼王消失，再
　　　封住小慧天眼，給其喝下降魔神符，小慧被扶到外面，不久即清
　　　醒過來，醒後對剛剛發生的事，渾然未知，可是人精神轉好，隨
　　　父母返家。）

　　陸小慧回家之後，媽媽才把過去發生的事告訴她，小慧不敢相信有
這種事，尤其是廿個男鬼要追求一個女鬼，這般情景只應人間有，地下
怎會也有男女情愛？説給其他同學聽，大家也説小慧「臭彈」，要不就
説她「頭殼燒壞去」。

6. 台北之夜 59 期報導：狐仙惹不得，後患纏不清。

　　狐仙一直是聊齋小説中的主角之一，而真實社會中似乎並不存在，
但是在加拿大，在中國大陸卻都有人確實碰見過，也都被作弄過，只不
過加拿大的九歲男孩，幸運遇到了省陽宅教育協會理事長周建男，把狐
仙給制伏了；而大陸的兩名婦女卻被糾纏至死，留給家人永遠抹不去的
傷痛。

　　　旅加九歲男童突然中邪，直喊爹地我不要和她玩。

　　第一個真實故事發生在加拿大，一名九歲大的男孩，長得十分活潑
聰穎，父母都叫他麥可，他是台中一家綜合醫院院長的外孫，全家人都
鍾愛他，可是有一天他突然變了樣，父母被他折磨了一年，束手無策之
後，祇好從加拿大帶他回台灣，尋求高人幫忙，看能否救回心愛的兒
子。

　　麥可原先很愛上學，喜歡看書，可是在一夕之間，開始無緣無故地嘶喊起來，他一直大叫：「爹地，我不要和她玩，叫她走！我不要和她玩啦！」麥可的父母站在旁邊，左顧右盼，根本沒有什麼人站在兒子的面前或身邊，麥可的媽媽緊張地問：「兒子，你看到什麼人了？」他才說出有一個穿紅衣服的小女孩站在他身邊，常會拉著他的手臂，不讓他寫字，也不讓他讀書，不離開，也不放手，看了心裡很煩。麥可的父母心急如焚，不知道兒子那裡出了問題，母親更是急得夜裡不能安眠，偷偷掉淚；麥可的爸爸認為兒子既然有問題，就要勇於面對現實，於是他說服妻子，帶著小麥可去找一位心理醫師，可是醫師檢查，溝通了半天，仍然無法確定說出什麼毛病，也無法消除麥可心中的幻影。

　　　　遍訪歐美名醫求診無效，束裝回國試試傳統老法。

　　麥可的父母不死心，又帶著他去美國找精神科醫師，醫師說麥可的神經有問題，引起幻想症，後來再換醫師，說他是腦神經衰弱症，名稱不同，治療方式不一樣，麥可還是常大叫，要紅衣小女孩走開，不要碰他的手。麥可的媽媽煩惱得人瘦了一圈，爸爸繼續帶他去找心理醫師協談，醫師無法找出病因，祇能說孩子心理上有障礙，麥可的父母不相信兒子有精神上或心理的問題，因為以前的他一切正常，怎麼可能無緣無故，沒任何刺激下竟變成有問題？麥可的媽媽更打長途電話回台灣，請教開醫院的父親怎麼辦，可是大家也判斷不出那裡有問題。

　　經過一年的折騰，看過歐美的名醫，麥可依然故我，父母在無計可施下，決定帶著孩子回國找高人幫忙，希望試試中國的方法。麥可的外公林院長，覺得麥可的情況很奇怪，於是打電話給省陽宅教育協會理事長周建男，周建男請他的女婿帶著麥可來看他，當面和麥可談，以了解狀況，小麥可第二天就被帶到。

　　周建男仔細端詳麥可，覺得小男生清秀可愛，並沒有中邪的模樣，於是請麥可的父母來，告訴他們不要害怕，會為他找找看是什麼東西在作怪。麥可被周建男請入靜室，要他安靜地坐好，不管什麼情況都不要怕，然後開始唸著催煞咒，讓附身邪靈出來溝通。

唸催煞咒逼出附身邪靈，我是狐仙恨他毀了我家。

祇見周建男催唸幾聲咒語，麥可突然大聲叫喊著：「穿紅衣服的女孩又來了！她又來了！站在我的右邊，又要拉我的手。爹地，我不要，我不喜歡她！我不要啦！」

周建男立即看著麥可的身邊位置說話：「小女孩！你有什麼話要說，就請附身到這位小朋友身上，我幫你解決！」接著又連續催動幾聲咒語，並燒化一張符咒，只見麥可一陣抽搐，身體抖了一會兒，清清喉嚨要說話，不久就以女孩子的聲音說話：「我是狐仙，這小孩子無緣無故搶了我的家，又壓壞了我家的洞口，他莫名其妙，又那麼可惡，我就不要讓他亂跑，要他跟我在一起，讓他也一樣受束縛，不能自由，沒辦法過平靜的生活，嚐一嚐我所受的痛苦滋味！」話說完，麥可的眼神閃爍不定，似乎是很慧點又靈活，但是卻不敢正視周建男，好像心中有什麼愧疚。

周建男知道狐仙精靈古怪，狡猾異常，有一點透視力和預卜力，被狐仙附身的人，當沾沾自喜以為自己擁有了超靈能力，因為他常能一下子說出陌生人的錢包內有多少錢，或類似此種的小事。麥可應該也有這種情形，只是不知狐仙是否有什麼不良的企圖，於是他又問：「你的洞在那裡？是不是可以告訴我？不過，我要告訴你，那不是這位小朋友的過錯，你的洞被壓到，那是蓋房子的工人不小心所造成的，小朋友是無辜的，你不要再來糾纏他，讓他過正常人的生活，好不好？」

我幾天沒吃東西餓死了，飽餐一頓要求放過男童。

麥可在此時怔了一下，眼睛又骨碌碌地轉了一圈，然後繼續以女孩子的聲音說：「我的洞口被壓，心情非常不好，而且我也好幾天沒吃東西了，肚子好餓！我要先有美食，吃飽了再考慮你說的話。」

周建男一聽，立即請麥可的父親去買一些滷肉、雞腿、雞腳等食物，不久東西買回來了，周建男把東西取出來攤在桌上，正對著麥可，並對他說：「你快吃吧！，這些東西很好吃，你吃完後馬上離開，至於你在加拿大的洞，我會讓麥可的父母回去之後重修。你離開之後，他們

會在原洞口附近再蓋一間類似小房間的洞，而且會供奉一些三牲果品給你享用，這樣的對待妳該算很有誠意了，你就放過小男孩吧！」

被狐仙附身的男孩麥可，聽完周建男的話後，立即拿起面前的雞腿大啖，吃得很快很急，那副狼吞虎嚥的吃相極不文雅，而且食慾很好，桌上一堆肉食，一下子就一掃而空，吃完仍意猶未盡似的。周建男一看他吃完東西，就拿出三道捉鬼符，封住麥可的天眼竅孔，並請他的父母返回加拿大後，把其他二道符咒，在搬到新家後，燒化在新居客廳內。

**捉鬼符制不住仍然作怪，改用五鬼壓狐符才奏效。**

麥可不久即回到加拿大，也搬了新家，果然在原來宅第右側牆角下發現一個小洞，已被磚頭堵住。經過幾月後，已經恢復正常的麥可有一天又叫喊起來，指紅衣小女孩又來了，他的父母心想狐仙又來了，於是在暑假一開始，便立即束裝帶著麥可回台灣，並馬上去找周建男。

周建男再以咒語催動狐仙現身，知道狐仙既狡猾又古怪，上回的「捉鬼符」制伏不了她，於是這次改用「五鬼壓狐符」，果然把頑固的白狐仙打跑了，麥可從此不再叫鬧，家庭也因而恢復了平靜。

**先祖施放飛劍誤殺狐仙，青島張家三世災禍連連。**

除了麥可以外，另外有人也被狐仙所困，這是一位張姓先生的老家，位在山東青島市，他的母親張仇氏，因為先祖施放飛劍不小心誤殺了狐仙，引起狐仙三世糾纏，於是張仇氏的兩位堂嫂被狐仙附身，精神錯亂，先後上吊自殺身亡，死時有如受到極大恐懼似的，堂嫂身亡，留下堂兄孤苦無依，望著新墳經常泣不成聲。

張仇氏嫁至張家，也逃不過狐仙的復仇，她身體不好，有很多毛病，整天躺在床上喃喃自語。有一天下起大雨，滿天烏雲密佈，突然之間電光一閃，擊中了一棵百年老樹，樹身攔腰斷裂，瞬間從樹腰間發出一道紅光沖入屋內，這幢老厝的窗玻璃全被打碎了，隔天張仇氏的病卻突然好了，家人都以為是雷神或樹神把狐仙給打跑了。

事隔一年之後，狐仙又回來，此次更加凶惡，張仇氏經常在晚上大聲吵鬧啼哭，精神已呈歇斯底里狀態，全家上下都不平安，心情極為

低落，過了不久，張仇氏就上吊自殺而死。張父傷心欲絕，痛失老伴的他，顯得孤寂而蒼老原本以爲張仇氏死了，狐仙應該放過他們，孰料又跑到長媳張玉蘭的身上，把她整得終日不得安寧，茶不思飯不想，經常呆呆傻傻地怔坐著，人愈來愈瘦，張先生接獲家書，身在台灣，心繫家鄉，於是請老朋友周建男陪他回鄉走一趟看個究竟。

**法師驅狐一溜煙不見了，解除可怕夢魘全家安寧。**

周建男隨他回到山東省青島市，勘查附近地形，發現狐仙喜歡出沒的地點，就在住家附近的芋葉、蕉芽、竹林下，總是從房屋的一扇小門進入住家。但是找不到牠的行蹤，此狐功力頗深，周建男趕緊催符咒，以在台灣爲麥可抓狐的咒語，讓狐仙現身，果然符咒一唸，張玉蘭立即有所反應，臉上出現怪異的表情，不久出現白光，一溜煙不見了，周建男馬上以「五鬼壓狐符」給張玉蘭喝下，不久，張女安靜下來，第二天便整個清醒了，完全恢復正常，白狐仙從此再也不來干擾她及家人了，解除了全家人可怕夢魘。

■今論

1. 自由時報報導：陽光清淨地，適宜供奉神明。神明爐發爐，注意特殊狀況發生。

　　陽宅內要不要供奉神明？有否正確方法？省陽宅教育協會理事長周建男指出，供奉神明的方向應選清靜之處，神位上下左右不要空洞有窗戶，若神明爐發爐，則有特殊狀況，應特別注意。

　　中國人有供奉神明的風俗，近年來有不少認爲供奉神祇與室內裝潢格局不相合，而產生要不要供奉之困擾，針對該問題，省陽宅教育協會理事長周建男提出說明如下：

　　⑴旺神安宅第：

　　　　人類宗教信仰自由，任何宗教都是好的，唯膜拜供神之處，應該清幽、靜肅、整潔、祥和。有一些實例證明，陽宅格局錯誤，容易發生車禍的意外宅第，但因爲該宅第所供奉的神祇正確，獲得高靈護持，故危機能大化小，由此可見宅主奉神虔誠，

行事重陰德理念，所以得以轉危爲安。

「靈魂學」是一門玄學，有人信之不疑，有人半信半疑，曾經觀察過很多安神錯誤的家宅，因爲長期受了怨魂哀靈的雜亂頻率干擾，宅中普遍存在著精神不安的現象，如易怒、易妒、易疑、心悸、歇斯底里等等，這些情況都必須重新把神位整頓開光點眼，並指導其正確膜拜法，不好的現象才能解除。

(2)神明發爐：

發爐，是人類與神靈溝通方式之一，周建男舉出一實例，該例的案主住在南投縣竹山鎮，宅主的母親逝世前一星期內，祖先爐連續發爐三、四次，其母逝世之後「頭七」時，兄弟間因作法事方式大鬧意見，靈桌前的香爐又突然發爐。此外，彰化縣花壇鄉，去年在家中以密法祈安加持，化解厄運時，家中的眾神聚會護佑，神明爐因而突然發爐。

這種奉神膜拜的方法，神明爐或祖先爐發爐的吉凶判斷，以及現代人如何因應，周建男提出幾點建議：

①方位：供奉神祇重地點，最好選擇清靜之處，以求膜拜靜肅，神位上下左右部分都不得空洞有窗戶。至於以圖像或雕像、或質地以何爲佳？周建男認爲都無所謂。農業時代忌諱石質神像，那是因以前台灣產石少的緣故。

②開光：所謂「開光點眼」是經由法師意念、手印及咒語，排除空中惡靈、遊靈，祈求高潔聖靈降臨護持，開光時應備牲果或素齋，其中水果一定要準備，其他可隨俗選用。

③擺飾：神位旁要擺什麼才好？其實維持整齊、清潔，不要亂擺雜物是首要條件，或者行有餘力再放些骨董飾物，主要是避免被其他不潔陰靈干擾能量。

④拜法：神位供奉以後，早晚須持香膜拜，香以臥香或插香都無所謂，香的數目也不限，做早晚課與否也隨各人而定，只要心誠即可。

⑤發爐：香爐中產生熱量，從香灰中心點橫向燃燒，無形的能量轉化成高熱，使香枝起火燃燒，這就是「發爐」，會讓人感受到宇宙間靈魂不滅的定律。發爐有兩個種類，一種是神明發爐，是表示吉利的，宅主所供奉水果以謝神恩，另一種是祖先爐發爐，這是不祥之兆，與祖墳墓碑斷痕一樣，應防血光之災。

2. 自由時報報導：好夢不常來，惡夢夜夜伴。情慾起伏過大，易受鬼靈波長的能量干擾。

高雄監獄受刑人李毓充，遭鬼神夜夜託夢，引發靈魂探討的熱潮，省陽宅教育協會理事長周建男指出，一個人在極度憂、懼、喜、怒的情況下，很容易受鬼靈波長的能量干擾，受刑人李毓充便是極度憂懼驚嚇而致。

到底有沒有「鬼魂」存在？有人不相信，也有人言之鑿鑿，對於信者所稱的「靈魂學」，周建男分析如下：

(1)存在性質：

人類對自己的探索可以說亙古不變，不過人類對自己的瞭解，仍限於「生命的現象」而已，對於生命真正的本質，仍然是一無所覺。到今天還沒有一名科學家能告訴我們，生命從何處來？又將歸往何處？人類死後靈魂空間又將如何生存？所以「自然探索」、「宇宙的探測」、「靈魂探討」，在目前同樣都是一個恆久存在的研究課題，更不該把靈魂的探討，看為不科學的迷信，但是也不能盲從妄信。

靈魂及異次元生物，在 XY 坐標的空間中，以人類未知的某種特定頻率的「波」存在，我們如果用肉眼及現階段所有儀器，還無法探測到這類頻率的波長，就此斷言排斥這種不同空間的「波」，就如同一個沒有探索過宇宙全部星球的科學家，就宣稱宇宙間絕對沒有其他高智慧的生物，讓人覺得他不可盡信。

⑵生命的本質：

　　人類的生命一如電腦有軟體和硬體，俗稱的「三魂七魄」就是軟體，「肉身」就是硬體，二者應該互相配合，而控制硬體的就是肉眼能看到的各種物質，影響軟體完整的，就是七情六慾的精神因素，這個軟體（即靈魂）能夠適應在個人的硬體上，因此會有換魂、附身等情事出現。

⑶溝通方式：

　　中國是個文化古國，對於無形的世界，統稱為「靈界」，與靈界溝通的方式，可分為單向溝通和雙向溝通，像香爐發爐、託夢轉達，這是單向溝通；而靈媒通靈、禪坐入定、觀靈法術、杯筊籤詩、占卜方式等就是雙向溝通。

　　周建男特別說明，如果一個人在七情六慾不穩定的情況下，像極度憂、懼、喜、怒等，很容易受鬼靈波長的能量干擾，受刑人李毓充就是極度憂懼驚嚇，才有如此的結果。

⑷靈魂記憶：

　　人類的靈魂能有前世的記憶，且遺留好幾世之遠，經印證追蹤後發現，人類的病痛成因，除了肉體傷害、精神傷害、磁場不適之外，還有一種就是因果現象，亦即前世的靈魂記憶彌留。例如某人在前世某年，身體某一部位有嚴重的傷害，到了轉世之後的某一年歲，某部位會有明顯的存留記憶，時間一過也會自然恢復。

⑸神通比較：

　　人類自稱是萬物之靈，所具有的能力，如能藉著各種方式，去除意識，啓發本靈，使本靈突破輪迴的轉世網在今世重現，就具有高超的本能。目前有所謂的「特異功能」，這種人和靈魂溝通是不一樣，特異功能是針對肉眼所見的人、事、物，用實驗來印證效果，是人類自我潛能的開發；而靈魂溝通的對象卻是眼睛看不到的靈魂世界，無法用實驗來探測。

3.綜合評論

　　靈魂學是新學術，我國文化自古以來，也有很多描述靈魂存在的記載，到目前也僅能證明「靈魂是存在的」，其他更深一層的認知，還是個謎，例如：

　　⑴前世的記憶？

　　⑵鬼魂的情緒？

　　⑶靈魂的重量？

　　⑷靈魂的生活？

　　⑸輪迴的奧祕？

　　都是未知數，順治皇帝出家時的禪語說得好：

　　「未曾生我誰是我，生我之後我是誰，長大之後方知我，合眼朦朧又是誰，來時糊塗去時迷，空在人間走一回，不如不來亦不去，亦無煩惱亦無悲。」

　　是否正是人類另一種無奈的未知？

# 主題三：靈魂學與宗教活動

1. 神明會不會真正附身在乩童身上？時間、場地有沒有限制。
2. 乩童與宗教是有何關連？
3. 道士的作法、乩童的附體，是否有禁忌？
4. 靈魂學與宗教兩者是否有關連？

■古譚

1. 聯合報報導：母喪不久仍參加進香團，乩童過火，灼傷不治。

　　彰化縣溪州鄉大庄村的乩童鄭福村，母喪不久仍參加進香團，在「過火」時摔倒，嚴重灼傷送醫不治。

　　五十一歲的鄭福村在大庄村一座廟內當乩童，他母親不久前才病逝，依照民間傳說，家中有喪事未達一百天，則身上帶有煞氣，即所謂「不乾淨」，不能參加進香團活動。

　　日前，他服務的那座廟到南部進香，他身為廟內唯一的乩童，不得不參加，九日晚上進行宗教儀式中的「過火」，即乩童在作法下打赤腳走過火堆，以證明乩童的法力，他在通過第五堆火堆時，整個人突然趴倒，臉部朝下，導致頭部、身體嚴重灼傷，送醫急救不治。

　　大庄村辦公處昨天說，鄭福村家境清苦，他母親和他又先後死亡，希望社會善心人士能伸出援手救助。

　　北斗警分局刑事組人員證實有此事，但因發生地點不在該分局轄區內，因此未加處理。警方說，乩童過火儀式太危險，建議今後舉辦迎神賽會活動時，最好不要進行這種儀式，以免過火者遭燙傷，鬧出人命。

2. 自由時報報導：乩童登刀梯，信眾長跪地。

今天農曆十二月五日，是客家人普遍祀奉的三山國王生日，各地三山國王廟和客家社會都有為神明暖壽的慶典，已有一百四十年歷史正舉行五朝祈安圓醮的潮州鎮四春里三山國王廟，場面最是壯觀，特別舉行登七十二層刀梯、釘梯和為民祈福改運的儀式，出動兩位大法師和十五位乩童參與，空前隆重浩大，五百餘位民眾在現場拈香膜拜。四百位善信跪叩在廟前，隊伍綿延百餘公尺，虔誠而感人。

該圓醮祭典從十九日上午八時誦迎請玉皇經起揭開序幕，接著豎立燈篙，家家戶戶安香案，封山禁海，煮油淨境，祀立天族，祝祀觀音，過程中皆全境燒金放炮，鑼鼓喧天，廿四日凌晨零時起並禁止油葷入境，廟轄境內所有居民開始吃素，直到昨天過刀梯成功，才再開葷。

過刀梯儀式於上午九時，由兩位大法師引導，與十五位由神明附身已起乩的乩童，在洗過符水、踏過鹽巴淨身後，九時十五分起足上升，每一節梯上都已貼上符令，刀面鋒利，長約二點五公分的凸釘也尖銳異常。

攀登時，氣氛有些緊張，乩童搖頭晃腦以釘球、刺棒不斷自擊背部，鮮血不斷滲出，四面圍得人山人海的善男信女則靜默而虔誠地禱拜，明華園歌仔戲在一旁唸歌說吉祥話，敲鑼打鼓壯聲勢，報馬則肩挑豬腳和韭菜，在梯子四周圍走動，目的是祈請各路看不見的英雄好漢勿干擾儀式進行。

由於共襄盛舉的神明極眾，附身在乩童身上後，很罕見地分三批上刀梯下釘梯。首先由大法師開路，第一批有中壇元帥，大王爺護身將，北營趙元帥，二王爺開路先鋒，南營康元帥。他們上至梯頂，往地面擲筊，一次即得聖杯，羣眾有的舉手，有的鼓掌歡呼。接著撒下糖果、硬幣和鹽巴，象徵生活美好，招財進寶，淨化人生，隨後陸續走七十二層釘梯下到地面。

第二批跟著上刀梯的有三王爺，西營夏元帥，靈佛太子、玉面主公、濟公活佛。第三批有筆生、刑具仙、五府千歲、吳千歲、大王爺。

皆依禮行儀，順利完成祭典後，撕下梯上符令，散發給民眾，可保平安。

3. **聯合報報導：道士怕天癸。**

　　儘管女性意識抬頭，在傳統以男性爲尊的社會中，女性仍免不了成爲許多行業的禁忌，不但不准女性進入興工中的隧道，連消災解厄的神壇也視女性爲不祥之物，怎不教現代女性義憤填膺。

　　經常臨壇爲人作法消災解厄的道教協會洪執事說，不是道教歧視女性，而是女性常會破了法壇的法事。

　　除了道姑之外，原則上，道壇一般是禁止女性進入的。洪執事說：「這是祖師爺傳下來的規矩。」原因是怕萬一女性月事一來，會干擾神的磁場。

　　老一輩的人不准月事來的女性進寺廟，連台北行天宮每逢拜斗，也一定廣播請「身軀不乾淨」的人不要進宮，所謂不乾淨是指女人月事或帶孝之人。

　　「事實上，這是錯誤的觀念。」洪執事說，月事在道教被稱爲「天癸」，是指極陰之物，而神是極陽之氣，法壇上，道士步罡踏斗請神時，極陽之氣沖上極陰之氣，法事輕者打折扣，重者前功盡棄，連作法的人也倒楣。

　　家中有喪事的人，身上帶有屍氣，與陰氣同樣會干擾「神氣」，因此，「天癸」並非指女性不乾淨，而是指磁場不合，不但會令神不舒服，連人也不舒服，不得不稍作隔離。

　　「神靈上身時，全身血氣暢通，爽快得很！」洪執事談到自己作法的感覺。有一回他正在爲人求壽，忽然覺得渾身不舒服，下場之後疲憊不堪，立即將現場女性請出，結果下一回合的法事，就順利過關。洪執事強調：「這絕不是迷信，而是幾千年來的經驗！」

　　正因國人深信此說，因此，女性的經血，也常被用來對治邪法。

一向主張破除執着的佛教，雖然也有「女性比男性少修五百年」的說法，但是除此之外，絕對不視女性為禁忌，拜懺、誦經、禮佛、進寺廟，百無禁忌。

據佛教界人士說法，層次不高的神祇才會忌諱經血，既然「凡所有相皆是虛妄」，女性月事又有什麼好怕的。

如果有人不信邪，下回不妨到神壇試一試。

## ■今論

### 綜合評論

我國憲法第十三條明文保障人民有信仰宗教的自由，因此台灣的宗教發展出現豐富與多元的面貌，尤其在社會解嚴之後，新興宗教團體興起，直接帶動宗教的活潑化。在台灣，正式向政府登記的宗教計有道教、佛教、基督教、天主教、理教、天理教、軒轅教、大同教、回教、天帝教、一貫道、天德教等十二個宗教，這些宗教均可在台灣自由傳教。

目前在台灣，登記有案的宗教均有中央性的宗教組織，如中國佛教總會、道教總會、一貫道總會等，但這些總會設立並不限制其他組織性的發展，對於其他亦自稱同一宗教的地方性廟宇、神壇，事實上並沒有法律上的「管轄權」，因此而造成若干神棍利用宗教情緒斂財，或是善男信女因為迷信釀成巨禍，無疑也是病態宗教所導致的弊病。

台灣的宗教信仰其實已深入到民眾生活中，包括子女生辰、婚喪嫁娶，甚至到股票投資、大家樂、六合彩等金錢遊戲，以及地方性選舉，都可看出各種信仰圈深入人民生活的例證，而除此之外，台灣的信仰世界也出現若干弊病。

近年來由於社會發展迷失方向，賦予佛教振興的契機，在許多佛教中興人物的努力下，信徒日增。

外來教如基督教在台灣光復以前，主要流行於學習西方醫學的醫師之間，政府遷台之後，隨著美援而使基督教開始普及於基層民間。

　　天主教長期反對主張無神論的共產主義，也因此從剿共時期到播遷來台，天主教一直是支持政府的堅定力量，並扮演「上帝的僕人」之角色，努力於創辦學校、醫院和社會服務事業，對台灣的貢獻有目共睹。

　　現在，在台灣社會正處政治、社會、文化轉型期間，部分人士咸認社會價值尚未確立，宗教實是目前社會安定的一股重要力量。不少政府官員帶頭投入宗教信仰，對宗教產生鼓勵作用。如證嚴法師的慈濟功德會可在一天內募得八千餘萬元來幫助大陸災胞，正是台灣宗教力量的展現，也是台灣宗教的一項特質。

　　但作者認為宗教是成功的社會活動，可參與但勿迷信，一般人把宗教與玄異融合在一起，把雕刻木頭看成有靈魂並且幻想成至高無上，把和尚、尼姑看成佛祖、觀世音，把神父看成上帝耶和華，這便是過度神化，成為迷信無知的一羣了。

# 主題四：靈魂學與膜拜行為

1. 神像要膜拜一定需要經過開光點眼，請神儀式嗎？這種儀式中最重要的憑藉是什麼？
2. 石敢當供奉後會有神奇效應嗎？
3. 收驚的效果如何？
4. 候選人如果斬雞頭，指天賭咒、抬神像買票是否能順利當選？

■古譚

1. 自由時報報導：受到驚嚇，「收驚」有效？

　　儘管太空船早已登上月球，揭開了全世界有關月亮神話的面紗，但進步如飛的科學仍無法解答「收驚」的神秘性。

　　向來為人陌生的「收驚」業，認為人有三魂七魄，一旦碰到過分的驚嚇時，魂魄便會失散在外，這時，便要以收驚來將魂魄招回到體內，這就是一般所謂的「拍著驚」、「著青驚」。

　　從事收驚、收魂這類行業的人，大致可分為道士、法師、乩童、尪婦（或稱先生媽）四類，其中操作法術儀式為專業的，仍以法師為主。

　　一位林姓專業的收驚法師指出，收驚要依病情輕重給予施救，一般分為「小收」和「大收」。「小收」的儀式較為簡單，只要一束清香加上指法、手印及咒語就可以施法了，此法即是最為普遍的收驚法。

　　而「大收」可就繁雜多了，除了準備祭品外，還需有複雜的法器輔助才行。

　　首先，需備白米三瓶，病人的乾淨衣服一件、草人黑白紗線各六條、方孔制錢十二枚、活的公雞一隻、鹽與米混的「鹽米碗」一只……等，近廿種的祭品，再加上法師所用的法鐘、五營旗、七星劍……等法器，經過「請神」、「勒用具」、「收魂」、「進房割鬮」、「押送外

方」等繁瑣的過程，這套「大收」的儀式才告完成，全部儀式所花時間約需一個半小時。

據悉，以上病人衣服是使魂魄有所依歸之憑，草人係病人替身，方製孔錢是銅錢代表、公雞是叫魂之用。

收驚業者說，大部分受驚者都是犯沖關煞所致，所謂關煞即是十四煞星、三關、一煞，如果人們犯沖了這些關煞，就有禍事接踵而來。

不過，也可以按照個人的生辰八字，去測出每年可能犯沖的關煞，來做「收驚」、「制解」等儀式，事先行「制解」能消災解厄，大事化小，小事化無。

若家有小孩夜晚哭鬧不休、輾轉難眠……等雞毛蒜皮的事，只要帶到「先生媽」家，讓「先生媽」燒把清香、口念咒語，在病患前、後背比劃、比劃，使可將三魂七魄全部請回來了。有部分「先生媽」替人收驚、解制，純屬一種「睦鄰」工作，因此不收費。

「收驚」神秘面紗您知多少呢？而「收驚」是否確實有效？一般人認為，民間習俗寧可信其有，而其神秘面紗則任憑個人自由探尋。

2. 自由時報報導：神像也有失神的時候！

家中或寺廟供奉的神像，會「失神」不再靈驗？彰化鹿港地區神像雕刻業者，有時會遇民眾攜神像前往求教，了解神明是否仍在神像中，尋求補救，寄望自己供奉的神像能神靈顯赫。

鹿港鎮新如軒彫佛業者施某指出，民眾感覺自己供奉的神可能「失神」時，習慣會攜神像前往神像雕刻店，由業者判定。業者則從神像的五官、眼神中了解神像是否已神靈不在，判定的依據，但憑業者靈感。

當一尊神像被判定「失神」，民眾決定「另請高明」刻製新的神像，則原供奉神像經「請神歸位」程序，將神送回天庭後，原神像因已不具神靈，即可拋置。

施君說，若民眾仍屬意供奉原有神像，在「請神歸位」後，可重新替神像安金身，整修門面，再擇吉日恭請神明，將神像迎回供奉。

　　至於民眾訂製神像，迎神供奉時，除要準備金紙、水果等焚香祭拜外，若屬道教，須取雞冠血為神像開眼，施君說，新神像背後的心窩處，還要安置活的虎頭蜂以助神威，同時安置金、銀、玉、珍珠、瑪瑙、銅、鐵等七寶，以及金木水火土五行，配合符咒，迎請神明庇佑，如此神像才具「心神」且靈驗。

3. 自由時報報導：*每逢暴風雨，木塊大哭示警。*

　　彰化縣溪州鄉舊眉村九鄰有一座供奉「泰山石敢當」的小廟宇，香火鼎盛，玄靈無比，可以指點信徒失物或失蹤人口，更妙的是廟前兩棵榕樹，傳聞可以治療百病，有意想不到的神效，鄉民稱祂為地方「守護神」。

　　據說，「泰山石敢當」小廟宇，在五十多年前，溪州鄉刺仔埤圳在一次洪水中漂來一塊木頭，該木頭每逢風雨來臨前，便嚎啕大哭，哭聲悲悽，引起當地村民注意，而且能做好事前防範，保全了村民的生命與財產，由於這塊木頭的玄靈，村民才將它供奉於庄內，做為地方守護神。

　　據當地一名老耆陳加望說，該塊「泰山石敢當」木塊，約在五十多年前，隨著濁水溪氾濫，漂流到溪州大圳（目前的刺仔埤圳）中被卡在石縫裡有一段時間，當初並未引起村民的注意，惟每當暴風雨或豪雨要來的前夕，該刻有「泰山石敢當」的木塊，便會發出如嬰兒般的嚎啕聲，尤其在深夜裡更是清晰，陣陣悽悽哭聲引起村民的注意，大家不約而同的隨著哭聲找到這塊木頭，因為它有提醒暴風雨要來的玄妙，村民才將它供奉於村庄內，接受村民的香火膜拜。

　　陳加望又說，當「泰山石敢當」供奉於小廟內後，當地人曾看到廟內出現一白馬與一小孩，自廟內飛躍而出，進出都閃耀著一道光芒，當時亦有人傳聞祂乃是姜子牙的化身，惟當村民準備為祂建一座大廟，經多次擲筊皆失敗，對此都感到百思不解，至今，後人對此事還是一個解不開的謎。

　　陳加望說，這座「泰山石敢當」十分玄靈無比，凡是有人失竊財物或有失蹤人口，皆能給予信徒指點迷津，在很短期間內找回失物，甚至廟前兩棵榕樹，更有治療百病之神效；因此，不乏從台北，屏東遠來的信徒，都慕名而來膜拜，祈求指點失物流向何方，「有求必應」，信徒對祂更是虔敬萬分，成爲舊眉村民的守護神。

■今論

自由時報報導：斬雞頭、指天賭咒有效？

　　各種選戰開始後，候選人的選舉花招就層出不窮，其中有人斬雞頭表示清白參選，有人指天賭咒，這些噱頭究竟有沒有效？省陽宅教育協會理事長周建男指出，這些花招對候選人不利，最好不要使用。

　　日前又有候選人表示一定清白參選，絕不賄選，否則願斬雞頭，這種「斬雞頭」的風俗習慣，由來已久，亦是不少候選人常用的選招，一個或兩個候選人相偕赴廟裡，每人手抓一隻白雞，另一手拿著鋒利菜刀，在燒香膜拜之後手起刀落，雞兒慘叫一聲，一命嗚呼。候選人堅決地表示自己行爲若與發誓的內容不符時，將像母雞一樣下場。這種行徑，以風水術數觀點來看，周建男指出，如此殺生暴戾的行爲，代表的是心性不慈，如果此人當選，將無法推行仁政。

　　另有一招「超度亡魂」的選招，現在較少使用，這是候選人利用某交通頻繁、經常發生車禍的路段，爲車禍喪生的孤魂野鬼作超度法事，超度時設祭壇，供奉三牲四果酒禮，並請道士誦經上祭疏文。這一選招，以風水術數的觀點來看，是陰德的行爲，減輕不利陰陽電波離子對來往行人的干擾，確可使選民有好感而投下一票。

　　此外接近投票日之時，爲了表示不買票，會在廟前手拿三炷香，當著神明及民眾下跪，宣讀寫在紅紙上的誓詞，表示如無法怎麼樣，願接受神明的嚴厲制裁，說完後燒掉寫誓詞的紅紙。這一「指天賭咒」的選招，周建男指出，賭咒如道士唸咒、先生媽收驚一樣有效用，不過在冥冥之中，唸出來的詞，其賭咒時的意念，已默默地傷害了候選人自己

的陰德，若真的違背發誓時的行爲，或當選後人在江湖身不由己，到頭來傷害的還是自己。

除了這些招式之外，還有候選人抬出神明助陣，例如在競選總部供奉神明，每日上香，或政見發表會時，把神明請上講台，以示自己不說謊，或買票時，帶著一尊神佛，要收下錢的選民看到有神爲證，有震懾作用。

諸如此類利用「舉頭三尺有神明」的心理，把神明拖下水，周建男以爲並不當，如果請來的神佛未開光點眼與古董無異，而開光點眼的，將神明背來抬去，也是不敬行爲，對候選人並不好，候選人必須三思而後行。

國家圖書館　版品預行編目資料

陽宅古今　　透視陽宅專輯之四）／周建男著．
-- 初版．　台北市：國家，2002〔民91〕
243面；26公分．--（國家風水叢書：5）
ISBN　957-36-0338-1（平裝）

1. 相宅

294.1　　　　　　　　　　　　　　　83005698

國家出版社 KUO CHIA

❀❀ 國家風水叢書 ⑤　特價／新台幣陸佰元

陽宅古今談（透視陽宅專輯之四）

著作者／周建男
發行人／林洋慈
出版者／國家出版社
社址／台北市北投區大興街 9 巷 28 號
電話／（○二）二八九五一三一七（五線）
傳真／（○二）二八九四二四七八
郵撥帳號／○○一八○二七—七
電子信箱／kcpc@ms21.hinet.net
執行編輯／謝滿子
責任編校／台灣省陽宅教育協會
讀者服務／吳景崧
封面設計／家昌設計
法律顧問／林金鈴律師
排版／上達電腦排版公司
製版／國華製版有限公司
印刷／吉峰印刷有限公司
日期／二○○二年二月初版一刷